, O GLOBO!

CB024915

Ó, O GLOBO!

A HISTÓRIA DE UM BISCOITO

Ana Beatriz Manier

valentina
Rio de Janeiro, 2017
1ª edição

Copyright © 2016 by Ana Beatriz Manier

CAPA E PROJETO GRÁFICO DE MIOLO
Elmo Rosa

FOTO DE CAPA (VERSO)
Marcelo_minka

FOTO DA AUTORA
Rosana Barroso

DIAGRAMAÇÃO
Kátia Regina Silva | Babilonia Cultura Editorial

Impresso no Brasil
Printed in Brazil
2017

CIP-BRASIL. CATALOGAÇÃO NA PUBLICAÇÃO
SINDICATO NACIONAL DOS EDITORES DE LIVROS, RJ

M245g

Manier, Ana Beatriz
    Ó, o Globo!: a história de um biscoito / Ana Beatriz Manier. – 1. ed. – Rio de Janeiro: Valentina, 2017.
    176 + 16 caderno de fotos p.: il.; 23 cm

    ISBN: 978-85-5889-037-3

    1. Biscoito Globo (Marca). 2. Marca notória. 3. Cultura popular – Rio de Janeiro (RJ). 4. Rio de Janeiro (RJ) – Usos e costumes – Século XX. 5. Rio de Janeiro (RJ) – Usos e costumes – Século XXI. I. Título

16-38445
    CDD: 658.827
    CDU: 658.827

Todos os livros da Editora Valentina estão em conformidade com o novo Acordo Ortográfico da Língua Portuguesa.

Todos os direitos desta edição reservados à

Editora Valentina
Rua Santa Clara 50/1107 – Copacabana
Rio de Janeiro – 22041-012
Tel/Fax: (21) 3208-8777
www.editoravalentina.com.br

"É preciso ter alguma ligação com quem se pretende biografar, algo em comum, algum laço afetivo", disse o biógrafo à plateia atenta. E na mesma hora me veio à mente uma imagem de infância: eu, aos cinco/seis anos, na barca Rio-Niterói, atravessando a Baía de Guanabara, com um pacote de *Biscoito GLOBO* na mão.

Para as famílias Ponce e Torrão,
com admiração.

Sumário

10	Está lendo este livro?
12	Prefácio
14	Capítulo 1: *Medalha 1º de Março: viva a carioquice!*
20	Capítulo 2: *Para o Novo Mundo, para a América*
26	Capítulo 3: *Antonio & Encarnação*
38	Capítulo 4: *Da Vila Alpina ao Ipiranga e à Praça do Congresso, no Rio de Janeiro*
44	Capítulo 5: *36º Congresso Eucarístico Internacional*
52	Capítulo 6: *A chegada ao Rio de Janeiro*
60	Capítulo 7: *Então o carioquíssimo* Biscoito Globo *é...*
68	Capítulo 8: *O sócio português*
72	Capítulo 9: *Negócios & mudanças & separações*
78	Capítulo 10: *Recomeço*
86	Capítulo 11: *A fábrica e sua produção*
98	Capítulo 12: *Propaganda e novo design... pra quê?*
112	Capítulo 13: *Operação "Rosquinhas de Ouro"*
116	Capítulo 14: *A concorrência*
120	Capítulo 15: *Os ambulantes*
134	Capítulo 16: *O consumidor*
150	Capítulo 17: *A polêmica criada pelo* New York Times
160	Capítulo 18: *Paz & amor*
168	Epílogo
172	Agradecimentos

Está lendo este livro?

Então você é carioca e sabe muito bem de *quem* ele fala. Se não é, mesmo assim deve saber também, pois, independentemente do seu sotaque, do som do seu "r", do cantado da sua voz, se você vive no Rio ou vem de vez em quando para cá, vai à praia, ao Maracanã, enfrenta engarrafamentos ou pelo menos uma vez na vida e outra na morte já atravessou a Baía de Guanabara de barca, você já comeu *Biscoito GLOBO*.

Há teorias que falam da existência de túneis subterrâneos com passagens secretas para os ambulantes do *Biscoito GLOBO*, que brotam no asfalto de toda e qualquer via engarrafada da Cidade Maravilhosa. Acredito que você já tenha ouvido falar dessas teorias e chegou a considerar sua veracidade, pois devo confessar que, até escrever este livro, eu também as considerava.

Dez minutos de engarrafamento e, de repente, do nada, surge um contingente de ambulantes com sacos transparentes de biscoitos fresquinhos que tornam sua espera mais branda, deixam seus filhos mais felizes e seu carro muito, mas muito esfarelado. Só que, em se tratando de *Biscoito GLOBO*, quem liga para os farelos?

E olha que não para por aí: a fila do ônibus está muito grande? *Salgado e doce!* Deu boca nervosa na entrada das Barcas? *Ó, o Globo!* Bateu aquela fominha na praia? *Vai um GROBO aí? Doce ou sal?*

Vai. Com certeza, vai.

Prefácio

Escrever a história do *Biscoito Globo*, antes de constituir-se num trabalho ou num compromisso editorial, constituiu-se num imenso prazer e aprendizado.

Embora a experiência de quase duas décadas no setor administrativo de algumas indústrias tenha despertado em mim boa dose de curiosidade e fascinação por todo o processo pelo qual passam os produtos, desde seu projeto e fabricação até seu destino final nas mãos do consumidor, sou obrigada a admitir que acabou não sendo esse o foco deste livro. O que é facilmente justificável.

Escrever sobre um biscoito que se tornou ícone de uma cidade não é escrever apenas sobre um produto, mas, principalmente, sobre as pessoas que o tornaram possível: sobre a família que o idealizou, os vendedores que lhe abriram mercado, os rapazes que lhe deram vida, o povo que o acolheu e os ambulantes que há mais de 50 anos o distribuem.

Escrever sobre o *Biscoito Globo* é também fazer menção ao que esse biscoito se refere: à infância na praia, ao domingo no Maracanã, à travessia nas águas da Baía de Guanabara, à espera bem acompanhada nos engarrafamentos...

Infelizmente, não há muitos registros fotográficos que ilustrem o início dessa história, apenas fotos do depois. O que há em grande escala é trabalho, bons exemplos, boa gente e gratidão.

Gratidão de Milton Ponce – o grande gestor do BG – por todos que o ajudaram e se uniram a ele ao longo da vida; gratidão minha por ele ter me deixado registrar sua trajetória e com ela aprender; gratidão de toda a Panificação Mandarino pelo povo carioca, que sempre recebeu o *Biscoito Globo* como o Cristo Redentor: de braços abertos.

Crrrrrrrak!

Capítulo 1

Medalha 1º de Março: viva a carioquice!

Primeiro de março de 1565. Na região situada entre os morros Pão de Açúcar e Cara de Cão, uma cidade está para nascer. Não uma cidade qualquer, mas um povoamento estratégico, à beira da Baía de Guanabara, de propriedade de portugueses, invadida por franceses. Para ocupar de vez essa terra e nela firmar seu domínio, o português Mem de Sá, então governador-geral do Brasil, enviou seu sobrinho Estácio de Sá para lançar a pedra fundamental da cidade guerreira que recebeu o nome de São Sebastião do Rio de Janeiro.

Primeiro de março de 2015. No Palácio da Cidade, em Botafogo, uma casa em tom perolado e estilo georgiano que antes servira de sede da embaixada do Reino Unido, uma festa de aniversário está em andamento. Não o aniversário de um nobre, de algum morador palaciano, tampouco de alguma ilustre autoridade política, mas o aniversário de uma cidade; uma cidade que, 450 anos após sua fundação, encontra-se em plena forma física, com espírito jovem e curvas bem delineadas: a cidade do Rio de Janeiro.

Para uma celebração dessas, convidados muito especiais: gente que faz e fez história, que faz e fez cultura; gente que canta e dança; que trabalha, que administra, que estuda, que vive no Rio e do Rio e que o ama incondicionalmente com todas as suas belezas e agruras, coerências e contradições, sendo carioca da gema ou por adoção.

Nessa data, após os parabéns à Cidade Maravilhosa, convites para subir ao palco. Nele, pelas mãos do prefeito, será a aniversariante que distribuirá presentes. Há muito a agradecer às pessoas que estão ali, todas, ao seu modo, geradoras de benefícios para a cidade. Os primeiros agradecimentos são dirigidos ao governador de estado e à presidente da República pela parceria e comprometimento com a administração carioca. Condecorados, presidente e governador se unem ao prefeito para, juntos, premiar os demais convidados.

Aos que não estão mais fisicamente presentes, mas deixaram sua marca na história – 63 personalidades ao todo –, o agradecimento é feito em forma de menção honrosa no livro *Heróis e heroínas da cidade do Rio de Janeiro*. Entre eles, gente muito conhecida nossa: São Sebastião, Estácio de Sá, Arariboia, Jean-Baptiste Debret, André Rebouças, Paulo de Frontin, Machado de Assis, Lima Barreto, João do Rio, Tia Ciata, Nelson Rodrigues, Pixinguinha, Carmen Miranda, Chiquinha Gonzaga, Heitor Villa-Lobos, Cecília Meirelles, Zuzu Angel...

Aos ainda atuantes, por sua dedicação à cidade e por representá-la em suas ações, a mesma medalha dos anfitriões. Entre eles: a atriz Fernanda Montenegro; a cantora e compositora Dona Ivone Lara; o poeta Ferreira Gullar; o jogador, eterno ídolo do Flamengo, Zico; os três servidores mais antigos da prefeitura (Idalício Manoel de Oliveira Filho, Moysés Domingos da Costa e Gyleno dos Santos); o presidente do Comitê

Olímpico Internacional, Thomas Bach; a idealizadora do projeto Ópera Popular de Acari, Avamar Filgueira Pantoja; o cardeal Dom Orani Tempesta e os vendedores de mate e de *Biscoito GLOBO*, Luís Soares da Silva (o Ligeirinho) e Isaías Santos.

É isso aí. Ícones da tradição carioca, os vendedores de mate de barril e de biscoito de polvilho já haviam sido considerados patrimônio cultural e imaterial da cidade do Rio de Janeiro via decreto de nº 35179, de 2 de março de 2012. Com a assinatura desse decreto, os ambulantes receberam crachás e o direito de circular livremente pelas praias da cidade sem ser abordados pelos fiscais da operação Choque de Ordem (a mesma operação que banira o mate e a limonada em galão das areias cariocas em 2009). Uma forma de cadastramento, regulamentação e reconhecimento de uma profissão já considerada relíquia da cidade.

As medalhas 1º de Março entregues a Ligeirinho e a Isaías, embora também representem um prêmio a mais para toda essa classe de trabalhadores, premiam especialmente dois ambulantes representativos da praia de Copacabana não apenas por seu trabalho nas areias, mas também pela alegria, bom humor e ginga com que o executam. Em outras palavras, por seu jeito carioca de ser.

Viva a carioquice!

Curiosidades

São Sebastião - 1: nascido na França, no ano de 256, Sebastião mudou-se para Milão, onde recebeu educação cristã e, mais tarde, alistou-se no exército romano, tornando-se um dos oficiais prediletos do imperador Diocleciano.

Como comandante de sua guarda pessoal, utilizava-se de seus privilégios para visitar e confortar os cristãos perseguidos e condenados, fazendo-os crer na salvação após a morte. Por essa prática, no entanto, foi denunciado ao imperador, que ainda lhe deu a chance de renunciar à religião. Como não aceitou a renúncia, Sebastião foi punido com flechadas, devendo sangrar até morrer – daí a imagem do santo com o corpo perfurado por flechas.

Por um milagre, porém, Sebastião não morreu, restabeleceu-se e voltou a disseminar o cristianismo. Foi após nova ordem de execução que ele veio a falecer por espancamento, sendo jogado nos esgotos

de Roma para que não fosse cultuado pelos cristãos.
Quatrocentos anos depois, seria considerado santo
pelo imperador Constantino.

São Sebastião - 2: a devoção a São Sebastião chegou
ao Brasil junto com os portugueses, e, segundo relatos
lendários, o santo foi visto com uma espada em
punho no meio dos índios e portugueses, na época
da fundação da cidade do Rio de Janeiro, enquanto
se travava a luta contra os invasores franceses.
Por esse motivo, e pelo fato de o dia da batalha final
ter coincidido com o dia do santo, ele foi considerado
padroeiro da cidade.

Capítulo 2

Para o Novo Mundo, para a América

Início do século 20. Problemas econômicos e sociais, agravados por uma crise agrária, abalam as estruturas da Europa, que logo entraria em guerra. A ciência – o tão aclamado racionalismo – parece não conseguir cumprir todas as promessas de um mundo mais justo e melhor, nem a Igreja parece mais acalentar os ânimos da sociedade com a promessa do reino de Deus.

A Espanha, em particular, embora não envolvida em conflitos internacionais, vive o inferno na Terra: com uma população girando na casa dos 18 milhões de habitantes, uma industrialização tardia nas mãos de uma pequena burguesia emergente, uma economia de base rural, grandes latifúndios improdutivos e pragas destruindo plantações, o país vê a formação de hordas de desempregados e miseráveis sem terra para plantar e com pouco para comer.

Como se tudo isso já não bastasse, as famílias veem-se ainda temerosas diante da possibilidade de enviar seus filhos em missão de socorro às colônias, em constante tensão. Definitivamente, a Espanha não era um bom lugar para se viver, e a solução mais atraente seria partir. Destino: o Novo Mundo, a América.

Várias ações foram colocadas em prática para incentivar a vinda dos espanhóis para o Brasil. Algumas, pitorescas. Uma delas foi o estímulo que o próprio governo espanhol deu à população para sair do país, vendo nesse êxodo uma forma de se livrar do que considerava um excedente populacional indesejável, e assim amenizar o desemprego. Para isso, num acordo muito bem articulado com a terra de além-mar, utilizou a imprensa local para fazer apologia à imigração, exaltando a melhoria dos portos, as ótimas condições de embarque e viagem, além de alimentar o imaginário dos pobres espanhóis com um Brasil paradisíaco: clima tropical, solo fértil, riqueza ao alcance das mãos...

Além do trabalho com a imprensa, o governo espanhol contava também com o talento dos *ganchos*, homens que recrutavam as famílias interessadas em imigrar, confirmando a tal ideia de paraíso e oferecendo ainda contratos de trabalho nas lavouras, alojamento, um pedaço de terra e passagens pagas pelo governo brasileiro.

Sim, o governo brasileiro até chegou a pagar as passagens desses imigrantes, pois, se não as pagasse, eles dariam preferência a países da América espanhola, como Argentina, Cuba e Uruguai, onde, pelo menos, já teriam o idioma em comum. E, quando essa estratégia não se mostrava suficiente, algo difícil de acreditar acontecia: muitos espanhóis, a maioria deles analfabeta, ludibriados pelos *ganchos*, entravam nos navios errados, achando que o destino seria a vizinha Argentina, quando, na verdade, era o Brasil.

Quanto ao Brasil, além da necessidade de mão de obra que cobrisse a carência de homens nas lavouras de café do estado de São Paulo, por causa da proibição do tráfico de escravos de 1850 e a subsequente abolição da escravatura em 1888, havia também um desejo nacional de "branqueamento" ou "regeneração" da sua população, tão "enegrecida" pelo número de africanos trazidos para suas terras.

Com tudo isso e com o sonho de uma vida melhor no Novo Mundo foi que, entre as aproximadamente cem mil famílias de agricultores espanhóis desembarcadas em São Paulo, a partir das últimas décadas do século 19, chegaram as famílias que aqui interessam: os Ponce Morales e os Fernandes.

• • •

Estabelecendo-se no município de Franca, quase no limite entre os estados de Minas Gerais e São Paulo, a família Ponce Morales, composta por Juan e Antonia, e os filhos Antonio, Francisco, José, Ana, Matilde e Rafael, vindos da região da Galícia; e a família Fernandes, composta por Pedro José e Encarnacion, os filhos Juan, Francisco, José, Domingos e Catarina, vindos da região da Andaluzia, começavam uma vida nova. Sem contato na Espanha e chegados em anos diferentes – os Fernandes desembarcaram em 1912 e os Ponce Morales, em 1913 –, as duas famílias passaram a conviver no Brasil em meio às outras tantas formadas por agricultores em igual situação.

Destino de várias imigrações, Franca já abrigava uma colônia espanhola em crescimento. Além de sua base econômica agrária e do vasto plantio de café que por si só já absorveria os espanhóis na lavoura, ali também se produzia leite, carne e couro, assim como, em fins do século 19, nada mais nada menos do que 18 fábricas produziam 30 mil pares de calçados por mês. A oferta de emprego, sem dúvida, era maior.

Vindos da Espanha como lavradores, a Pedro Fernandes e a Juan Ponce Morales coube a preparação do solo e o cultivo do café. Quanto às esposas, muito jovens e com os filhos pequenos, suas responsabilidades englobavam os cuidados da casa e da prole. A elas, assim como às mulheres dos colonos em geral, cabia também a maior parte do papel de socialização e ambientação, fazendo daquela colônia em terra paulista um grande e barulhento lar espanhol. Da parte dos Fernandes, outros três filhos nasceram em solo brasileiro: Pedro, Maria e Encarnação.

Trabalhadoras e produtivas, em poucos anos as duas famílias começaram a fazer dinheiro. Acrescentando à cultura do café o plantio de batatas e arroz, alguns dos Ponce que por aqui desembarcaram ainda crianças chegaram a enriquecer na vida adulta. O mais próspero deles, Francisco Ponce, se tornaria fazendeiro e viraria referência em Franca com um grande empório junto à estação de trem.

Mesmo adaptados à vida na cidade e ao novo país, os colonos em geral formavam um grupo fechado quanto às amizades e, consequentemente, quanto aos casamentos. A falta de domínio da língua portuguesa, somada aos fortes laços culturais trazidos da terra de origem, fazia com que eles se relacionassem, preferencialmente, entre os seus e praticassem o que se conhece por endogamia.

Pois foi nesse ambiente de colonos e, acima de tudo, endógamo, que as crianças Ponce e Fernandes tornaram-se adultos e, seguindo o costume de dois irmãos para duas irmãs, acabaram unindo as duas famílias em matrimônio: José Ponce Morales com Maria Fernandes; Antonio Ponce Morales com Encarnação Fernandes.

Curiosidades

Os espanhóis formaram o terceiro maior grupo de imigrantes europeus vindos para o Brasil, depois das imigrações italiana e portuguesa, entre a segunda metade do século 19 e a década de 1970.

Em comparação à imigração italiana, a espanhola foi considerada tardia, pois veio a substituir os italianos que retornavam ao seu país ou que deixavam de vir para o Brasil, no início do século 20, por causa da proibição da imigração subsidiada, via Decreto Prinetti, de 1902. Motivo da proibição: más condições de trabalho a que os colonos eram submetidos nas fazendas brasileiras.

Capítulo 3
Antonio & Encarnação

Para Antonio e Encarnação, não foi apenas um costume que os uniu – a família da noiva nem aprovava muito aquela união por considerar os Ponce Morales economicamente inferiores aos Fernandes –, mas uma grande paixão.

Tamanho foi o encanto que a bela e provocante espanhola *hecho en Brasil*, com corpão violão, cabelos castanhos, olhos escuros e cores vibrantes despertou no também belo porém recluso Antonio, que, a despeito dos parentes gostarem ou não, os dois fugiram para ficar juntos. Foi no retorno da fuga, alguns dias depois, com as famílias enraivecidas e escandalizadas, que eles finalmente puderam marcar a data do casamento, colocar uma aliança no dedo e anunciar a promessa de permanecer juntos para o resto da vida.

Antonio, como todos os outros, era lavrador. Tinha a mão pesada de quem pegava na enxada, mas também tino para os negócios. Ao casar-se com Encarnação em 1935, deixou o trabalho no campo e começou a comercializar os produtos cultivados pela família. Passou a ser verdureiro.

Um ano depois, em 1936, com o nascimento de Jaime, tornou-se pai pela primeira vez e, nos dez anos seguintes, em intervalos mais ou menos regulares, viu a prole crescer: em 1939, nasceu Milton; em 1943, João; em 1945, Aparecida.

Próspero na atividade de verdureiro, a qual desempenhou por mais de uma década, Antonio, junto com Encarnação, fazia com que toda a família se envolvesse nos negócios, transformando a entrega de legumes e verduras num arrasta e puxa animado de sacas e caixotes que ocupava e divertia as crianças.

Simultaneamente antenado com as demais possibilidades que a cidade de Franca oferecia, ele ingressou na indústria de calçados e, curioso e visionário que era, não se limitou a uma única etapa da linha de produção, fazendo questão de aprender todo o seu processo. Já olhava lá na frente para a possibilidade de, um dia quem sabe, ser dono de uma oficina de conserto de sapatos.

Com a soma dos rendimentos das verduras e da fábrica, Antonio adquiriu ainda uma beneficiadora de arroz e passou a desfrutar de uma vida razoavelmente confortável e estabilizada. E teria prosperado mais e desfrutado mais ainda dessa vida e dos negócios, não fossem os ciúmes que sentia da esposa. Ela, a quem jurara amor eterno, seria sempre o seu ponto fraco, aquela que o faria mudar algumas vezes de endereço e de profissão, e que o faria sofrer de paixão até o último dia de sua vida.

Encarnação era uma mulher alegre, engraçada, trabalhadora e desbravadora. Em contraste com o marido quieto e compenetrado, era impossível ficar ao seu lado sem dar risadas. Seu temperamento extrovertido e beleza hispânica mantinham as pessoas sempre por perto. Era rebelde também, tinha vontade própria e não se sentia muito disposta a aceitar a vida limitada que tinham as mulheres de sua época. Na virada da década de 1930 para 40, num Brasil que acabara de conceder o direito de voto à mulher, nada difícil imaginar o que um temperamento como o dela ocasionava: evidência, inveja, falatório. Ora diziam que ela era mulher demais para Antonio e deveria deixá-lo. Ora que era negligente com a família e deveria ser mais dedicada. Dessa forma, vivia no centro das atenções, fato que nem sempre lhe agradava.

O falatório foi se agravando de tal forma que Antonio, enciumadíssimo e mal conseguindo trabalhar direito, começou a se revoltar com a situação, a se cansar das fofocas e, incapaz de calar a boca da colônia, reuniu num rompante os quatro filhos, a esposa, pegou o trem e deixou Franca para trás. Iriam todos para um centro maior: a capital.

A família Fernandes reclamou, não gostava da ideia, queria a filha por perto, temia que ela e as crianças passassem dificuldades. Mas a decisão estava tomada e nada havia que se pudesse fazer.

Em São Paulo, eles ficariam temporariamente hospedados na casa de um parente até arrumar um lugar para morar. Antonio colocaria então em prática o plano de abrir uma oficina de calçados – para isso se preparara –, e tudo daria certo. Apenas o dia de ser sapateiro parecia ter chegado mais cedo do que ele havia imaginado. O ano era 1946.

Lá, ao chegar da viagem sacolejante de trem e correr os olhos pela estação de São Caetano, os novos migrantes ficaram impressionados com o que viram: havia muita gente, um mar tão grande de gente, que eles logo se recordaram das histórias de portos e navios tão ouvidas na infância. Em seguida, em busca de transporte para Vila Mariana – bairro em que ficariam hospedados – e na fila de espera pela condução, Antonio abaixou os caixotes que constituíam a bagagem da família e começou instintivamente a fazer cálculos. Com o fluxo de pessoas que não parecia diminuir, com a grande fila que não parava de aumentar e com as poucas charretes disponíveis para atender a todos (meio de transporte predominante na estação), parecia haver ali um bom negócio a ser explorado: carroças de aluguel para levar viajantes, suas bagagens e suas mudanças ao destino final. Sim, esse seria um assunto que mereceria uma reflexão mais cuidadosa, pensou ele. Mal havia chegado à capital, e Antonio já vislumbrava a possibilidade de ser carroceiro. Se a ideia amadurecesse, talvez o plano de abrir uma oficina de conserto de sapatos ainda tivesse que aguardar mais um pouco.

Meses se seguiram com a família morando na casa de parentes, com Encarnação lavando roupa para fora, as crianças na escola, e o marido fazendo trabalhos avulsos, enquanto aguardava a venda de alguns bens em Franca. Quando os bens foram finalmente vendidos, e com dinheiro na mão, Antonio conseguiu comprar a carroça – agora uma ideia amadurecida –, pagar pelo direito de usar o ponto da estação de São Caetano, e passou a fazer fretes.

Se você agora fez uma imagem mental de carroças desmanteladas com carroceiros maltrapilhos, enganou-se. As carroças ou charretes da estação de trem de São Caetano, principal meio de transporte com que os migrantes podiam contar ao desembarcar, eram registradas e emplacadas. Os carroceiros pagavam impostos, cumpriam horário e tinham ainda carteira de habilitação, ou "carta", como até hoje falam os paulistas.

O negócio, em pouco tempo, começou a dar certo. Apesar de a cidade de São Paulo requerer gastos maiores, era mais lucrativa e, consequentemente, permitia ganhos maiores. Com o aumento da renda, a família logo se mudou para uma casa própria, no Parque São Lucas e depois na

Vila Alpina – no distrito de Vila Prudente –, e a mudança de Franca, finalmente, mostrou-se uma decisão acertada.

Da carroça, em poucos anos, Antonio capitalizou-se e passou a fazer frete por caminhão. Era um caminhão que mais parava do que andava e que os meninos muitas vezes precisavam ajudar a empurrar, mas que, mesmo com seu funcionamento precário, acabou sendo igualmente lucrativo. Com ele, além de uma renda que garantisse as despesas da família, começou também a sobrar algum dinheiro para a compra de umas poucas casinhas simples como investimento. Tudo parecia correr bem. A vida estava novamente estabilizada e a família, estabelecida.

Acontece que o negócio de frete por caminhão, por mais lucro e estabilidade financeira que oferecesse, oferecia também alguns problemas, entre eles, intervalos de total inércia.

Nos espaços de tempo em que não havia trens chegando ou partindo, ou em que era a concorrência que ganhava os fretes, grupos de companheiros desocupados preenchiam o tempo livre da forma que lhes parecia mais natural, ou seja, nos bares próximos à estação. Essa forma de ocupar o tempo, por sua vez, embora fosse extremamente corriqueira para a época e para a profissão, retardava o horário de chegada de Antonio à Vila Alpina e acabou não sendo muito bem aceita no lar Ponce Fernandes. Encarnação, cujo temperamento nada tinha de corriqueiro, desde o início se incomodou com o novo hábito do marido, e brigas voltaram a fazer parte do cotidiano do casal.

Com as brigas retornando, a insegurança e os ciúmes de Antonio voltaram a crescer, e sua concentração e produtividade começaram a cair. Consequentemente, em pouco tempo, o cinto começou a apertar e o dinheiro a demorar a chegar em casa.

Com o aperto financeiro em cena, os poucos imóveis adquiridos para investimento precisaram ser vendidos, e a própria Encarnação percebeu a necessidade de voltar a trabalhar. Não lavaria mais roupa para fora, porém. Com os meninos mais crescidos e capazes de ajudar a cuidar da casa, ela agora poderia sair. Além disso, estava mais adaptada à cidade e conseguiria uma colocação melhor. Antonio, contudo, mais enlouquecido de ciúmes do que nunca, quando soube da sua decisão, foi veementemente contra. Trabalhar fora, não. Para fazê-la desistir, prometeu mudar, pararia de ir ao bar, deixaria de ser caminhoneiro, trocaria de profissão, de hábitos, daria mais atenção à família, e a vida voltaria a ser o que era.

Firme em seu propósito, preparou-se mesmo para largar o frete, vendeu o caminhão e, com a habilidade obtida na indústria calçadista de Franca, resolveu finalmente trabalhar nesse ramo, não ainda na própria oficina de calçados, mas em uma indústria renomada. Foi numa fábrica de calçados esportivos *must* dos anos 1950 e 60, que produzia as chuteiras dos jogadores da seleção brasileira, que ele se desenvolveu na profissão: *Chuteiras Gaeta*. Com o novo emprego, em breve tornaria a fazer dinheiro e a investir tanto no que gostava quanto no que voltaria a dar segurança à família: as pequenas casas para aluguel.

Para complementar ainda mais a renda familiar e garantir que a esposa não saísse em busca de emprego, Antonio julgou que Milton, então com 14 anos, poderia começar a trabalhar. Jaime, mais velho, já contribuía com as despesas de casa e se preparava para ingressar no Exército. João e Aparecida, muito jovens, continuariam a estudar. Era a vez, portanto, do seu menino do meio entrar em ação.

Matriculado num curso de design de sapatos no Senai, Milton, apesar do sonho de um dia ser médico ou, quem sabe, jogador de futebol, entrou então como aprendiz numa indústria paulista. Trabalhava todos os dias depois que saía do curso e, a cada fim de mês, entregava aos pais o envelope ainda fechado com todo o seu salário. Era assim que deveria ser.

Só que, apesar da mudança e de todas as outras providências tomadas para a esposa não sair de casa para arrumar um emprego, Encarnação não voltou atrás. Já estava decidida e, além de julgar precisar, ela desejava trabalhar. São Paulo era uma cidade moderna, afinal de contas, e, em cidades modernas, mulheres trabalhavam fora. Além do mais, seus bairros populosos e suas ruas coloridas, repletas de comércio, estavam ali, prontos para recebê-la. Bastava apenas que ela tomasse a iniciativa e se unisse a toda aquela gente que zanzava de um lado para o outro, vendendo, comprando, produzindo.

Apesar de todos os protestos, foi na fábrica da Sorvetes Kibon que Encarnação conseguiu seu primeiro emprego. Depois de algum tempo, passou para uma das indústrias Matarazzo e, por fim, para a região da 25 de Março, onde trabalhou como costureira numa das inúmeras confecções do Centro de São Paulo.

No trabalho, mesmo com a discordância insistente do marido, ela se realizou. Além de todo ambiente condizente com seu jeito, voltou a sentir o prazer de ganhar o próprio dinheiro e comprar coisas para a casa. Uma virada estava em curso. Se para Antonio a vida como era antes representava a sua noção de vida boa, para Encarnação, a vida boa estava apenas prestes a começar. Descontente com o casamento e com um homem que julgava insatisfatório para si e para os filhos, ela queria mais.

E no terreno fértil da insatisfação surgem as oportunidades. Para ela, essa oportunidade surgiu um ano depois, na figura de André Galhardo, mecânico e eletricista argentino que, diferentemente de Antonio e em semelhança a ela, tinha temperamento extrovertido, sonhos de novos voos e gosto por aventuras.

Ao se ver totalmente encantada e envolvida com André e sem saber ao certo como agir, Encarnação tomou então uma decisão drástica e de sérias consequências: deu fim ao casamento. E de forma brusca. Com medo da reação do marido, foi para casa, arrumou as coisas na surdina, longe da presença dos filhos, prometeu a si mesma que voltaria para buscar Aparecida, e foi embora.

A notícia de sua saída, como se pode esperar, caiu feito uma bomba. No ano de 1954, imagine você, uma mulher abandonar a casa e a família para viver um grande amor não era lá das coisas mais comuns. Dias difíceis se seguiram.

Para os filhos, chocados, o futuro passou a ser algo assustador. Como seria a vida dali para frente? Quando e como voltariam a ver a mãe? O que seria do pai? Como viveriam a sós com ele?

E a vida, de fato, complicou: Antonio, extremamente deprimido, trancou-se em si e, nesse estado, não conseguiu mais trabalhar e nem ter olhos para a família. Milton, então com 15 anos, tendo trocado a indústria de calçados onde estagiava pela Lorenzetti, e Jaime, aos 18, servindo ao Exército, passaram a assumir responsabilidades maiores que a de filhos e irmãos. João, aos 11, e Aparecida, aos nove, os mais afetados, assumiram as pequenas funções do cotidiano, encarando tanque, cozinha e solidão.

Meses se passaram assim, a casa e a vida reviradas, mas sem mudanças estruturais. Era como se todos estivessem esperando Encarnação voltar e passar pela porta como se nada tivesse acontecido. João, tão ligado que era com a mãe, chegou a dormir três dias na estação de trem com o intuito de aguardá-la. Ela, de sua parte, com medo de aparecer e enfrentar o marido, pedia informações sobre os filhos a parentes e amigos que moravam por perto. Sentia-se mal e aflita, dividida entre o amor por um homem que a realizava e o amor pelos filhos que abandonara.

Curiosidades

Notório administrador, até hoje Milton Ponce guarda com cuidado e carinho o certificado de conclusão do 4º ano do ensino primário, emitido pelo Grupo Escolar Humberto de Campos, em Franca, em dezembro de 1951. Seu único diploma de educação formal.

Após separar-se de Antonio, Encarnação e André Galhardo muitas vezes ofereceram serviços de cartomancia e quiromancia, como forma de complementar a renda familiar.

Capítulo 4

Da Vila Alpina ao Ipiranga e à Praça do Congresso, no Rio de Janeiro

Alguns meses depois, morta e enterrada a esperança de ver Encarnação retornar pela porta da frente – o que de fato não aconteceu – e com a situação na casa cada vez se agravando mais, Antonio finalmente começou a reagir. Ciente das dificuldades em que a família se encontrava e da incapacidade dos filhos mais velhos, mesmo com todos os arranjos que faziam, de conseguir dar conta da casa e dos irmãos menores, ele teve a ideia de voltar para Franca. Lá, quem sabe, com o retorno à colônia, seria possível reconstruir a vida.

Para isso, desligou-se da fábrica Gaeta, recebeu uma indenização e voltou com três dos quatro filhos – Jaime, o mais velho, estava servindo ao Exército – para o interior, onde ficou algum tempo até perceber que a ideia não estava funcionando como o planejado. Apesar de Aparecida ter sido bem recebida na casa de uns dos tios e ter pedido para ficar com eles, o laço com a família já não era mais o mesmo, havia esfriado. Cida permaneceria, como desejava, pois achava que, estando longe do pai, a mãe iria buscá-la, mas os três homens Ponce, por sua vez, voltariam para São Paulo.

Como previra Cida, ao saber que a filha estava *sozinha* em Franca, Encarnação foi logo buscá-la. Quanto aos rapazes e a Antonio, novamente em São Paulo, tudo voltou à estaca zero, o ambiente de desolação na casa nada mudara. Milton, o mais preocupado, decidiu então que as coisas não poderiam continuar do jeito que se encontravam. A situação estava no limite do suportável, alguma coisa de ruim acabaria acontecendo a João. A questão era de sobrevivência, seria preciso tomar uma atitude, ele e o irmão caçula precisavam sair de lá.

Foi nesse momento de desespero e necessidade de uma decisão que Milton se lembrou de um primo, Germano Felippe. Era mais velho, morava no Ipiranga e tinha uma padaria anexa à casa: Padaria Record. Talvez o primo Germano lhes desse abrigo. Talvez ele e João pudessem ficar lá e ajudar de alguma forma para compensar as despesas. Talvez fosse essa a saída. Falaria com ele.

Do bairro da Mooca, onde ficava a Lorenzetti e grande parte das indústrias da cidade, rapidamente se chegava ao Ipiranga. Um dia, após o expediente, Milton correu até lá, explicou a situação ao primo e lhe pediu abrigo. Em troca, disse a ele, trabalharia na padaria assim que saísse da fábrica, ajudaria os padeiros e pediria ao irmão para atender no balcão. Não precisavam de salário, precisavam só de um prato de comida para João (Milton fazia as refeições na Lorenzetti) e um teto.

Germano, casado e com filhos, se sensibilizou com a situação. As coisas não estavam mesmo bem na Vila Alpina. Acolheria Milton e João, sem dúvida, e eles não precisariam ajudar em nada. Havia funcionários o suficiente trabalhando com ele na padaria, não tinha necessidade de mais gente. Sem querer ser um fardo, Milton insistiu mesmo assim;

sempre haveria alguma coisa que eles pudessem fazer. Tão logo se mudassem, descobririam o quê.

Num misto de culpa e sofrimento por deixar o pai, mesmo que Jaime permanecesse em casa e eles tivessem se comprometido a visitá-los nos finais de semana, em questão de dias os dois irmãos se mudaram de lá. O primo e a família os aguardavam.

Naquela época, meados dos anos 1950, não se fazia pão com a rapidez que se faz hoje. Era preciso preparar uma massa antes, que se chamava esponja. A esponja era preparada ao anoitecer, por volta das sete, para então descansar por algumas horas, receber outros ingredientes, quando fosse o caso, descansar de novo, e ficar pronta para ir ao forno ainda de madrugada, de forma que os pães estivessem frescos ao amanhecer.

Para que tudo isso acontecesse, as padarias tinham quartos nos fundos que serviam para acomodar os padeiros que trabalhavam de madrugada. Uma vez que iriam morar ali, Milton e o irmão ficariam num desses quartos. E uma vez que ocupariam um dos quartos, Milton logo se ofereceu para fazer o trabalho dos padeiros da noite.

Não foi necessário esperar muito para Germano perceber que o rapaz era bom no que fazia. Na verdade, era melhor, mais eficiente e mais organizado do que os outros padeiros juntos. Bom comerciante como ele só, o primo então dispensou os padeiros e ofereceu a Milton uma quantia em dinheiro para que ele ficasse trabalhando tempo integral na padaria, o mesmo salário que ele ganhava na Lorenzetti: meio salário mínimo.

Milton e João passaram então a trabalhar juntos na Padaria Record. Milton em horário integral, na produção; João, no período fora da escola, ao balcão. Pães e biscoitos ganharam nova textura, a massa ficou mais leve e o atendimento melhorou. A clientela começou a elogiar, a produção cresceu. Os rapazes eram mesmo bons.

Enquanto pães, bolos e copos de café eram o carro-chefe da padaria, alimentando e despertando os sentidos dos operários que pegavam cedo no serviço e depois compondo os lanches das donas de casa, os biscoitos eram o algo a mais, o faturamento excedente.

Chamados de "Biscoitos Felippe" em clara alusão ao patrão, tinham uma produção de 50 a 60 quilos por dia e eram, desde aquela época, vendidos a peso na padaria ou em saquinhos por ambulantes, em lugares estratégicos, como nas estações de trem, nas portas de igrejas e de hospitais, nas praias de Santos.

Atuantes, espertos, dedicados e sempre a par dos acontecimentos, os ambulantes não só eram uma boa fonte de renda para a padaria, como bons informantes também. Cobrindo grandes quilometragens diárias com a venda dos biscoitos e papeando com os clientes, surgiam a todo momento com notícias frescas sobre o que acontecia na cidade e até no país, assim como com ótimas ideias que podiam incrementar suas vendas.

Um deles, pouco tempo depois da chegada dos irmãos Ponce ao Ipiranga, apareceu com uma ideia que em pouco tempo geraria uma revolução na padaria. Como já era sabido, naquele ano, 1955, o Brasil, especificamente a cidade do Rio de Janeiro, sediaria o 36º Congresso Eucarístico Internacional, evento religioso que, no espaço de uma semana, promoveria o encontro de católicos de todo o mundo em solo carioca. Se a entrada e a saída de missas já eram um local expressivo de venda dos Biscoitos Felippe, dias inteiros de reza para uma estimativa de público na casa de 1.2 milhão de pessoas seria uma explosão de consumo. Além disso, havia a praia, muitos bons quilômetros de praia no Rio de Janeiro.

Impressionados com essa possibilidade de negócio e confiantes em sua experiência de vendas, um grupo de cinco ambulantes da Padaria Record elaborou um plano estratégico de ação e o levou para Germano Felippe. Conheciam o patrão; as chances de ele aceitar eram enormes.

Contagiado com o entusiasmo dos vendedores e também já conhecendo sua capacidade de venda, Germano acionou sua calculadora mental e começou a fazer contas. A ideia era boa, não havia riscos envolvidos e nem muito a discutir. Todos ganhariam. Restava saber se sua equipe daria conta de produzir mais. A produção em São Paulo não poderia parar, a venda no Rio requereria quantidades extras. Para o evento que duraria uma semana, os fornos da Padaria Record teriam que funcionar noite e dia e otimizar sua produção. Consultaria o jovem Milton, agora seu braço direito. Se ele topasse, o desafio seria aceito.

Milton topou, montou um plano de produção. Os ambulantes se organizaram: estimaram quantidade, providenciaram passagens de trem, pensão, sola de sapato.

Rio de Janeiro, aí vamos nós.

Capítulo 5

36º Congresso Eucarístico Internacional

QUATRO DE FEVEREIRO DE 1953. O jornal *O Globo* anunciou que o presidente Getúlio Vargas enviara mensagem ao Congresso Nacional, acompanhada de projeto de lei, solicitando abertura de crédito no valor de Cr$14.000.000 (catorze milhões de cruzeiros) via Ministério das Relações Exteriores, para custear as despesas do 36º Congresso Eucarístico Internacional que ocorreria em julho de 1955, no Rio de Janeiro, capital do país.

Com a verba, o presidente planejava obras de grande porte, como a ampliação da adutora do rio Guandu e o aterramento de parte do Flamengo, onde mais tarde surgiria o Parque do Flamengo e o Monumento aos Pracinhas. A primeira fase do aterramento, continuou o jornal, se daria na área do entorno da igreja de Santa Luzia até o Passeio Público e se transformaria na Praça do Congresso. Nela, seriam construídos confessionários improvisados para que fiéis de todo o mundo pudessem confessar seus pecados e receber a absolvição.

Para esse evento, importantes ícones católicos aportariam na cidade, entre eles: uma imagem de Nossa Senhora Aparecida vinda de trem de Aparecida do Norte; o Santíssimo Sacramento vindo de barco pela Baía de Guanabara; uma imagem de Nossa Senhora de Fátima doada por Portugal, e D. Bento Aloisi Masella, representante de Sua Santidade o Papa Pio XII, vindo de navio da Itália e desembarcando na Praça Mauá.

Para um congresso de tamanho porte, no entanto, ressaltou o jornal, não só fiéis e celebridades reais e imagéticas desembarcariam no Rio. Uma nota curiosa, publicada em 8 de julho, dias antes do evento, alertava:

> À medida que se aproxima o início do Congresso Eucarístico Internacional, contingentes diários de peregrinos desembarcam no Rio, chegados de dentro e de fora do país. São pessoas de boa fé que vêm colher as vantagens espirituais do grande certame religioso e, de passagem, conhecer as proclamadas belezas naturais da Cidade Maravilhosa.
> Não chegam, por isso, desprevenidas de recursos, mas com as algibeiras regularmente abastecidas. Mas há outra classe de "peregrinos" para a qual o congresso é o campo de ação ideal: são os aventureiros, os vigaristas internacionais, os punguistas e descuidistas, enfim, toda essa fauna de malandros que vive de esvaziar os bolsos do próximo. Para melhor "trabalhar", alguns desses indesejáveis já pisaram no Rio vestindo batinas. Outros já estariam encomendando a indumentária sacerdotal.
> Mas a polícia descobriu o golpe e, juntamente com as autoridades eclesiásticas, passou a tomar as necessárias providências.

Rio de Janeiro, 18 de julho de 1955: tinha início o Congresso que se estenderia até o dia 24. Chegados de véspera, vindos de trem, e hospedados numa pensão na Zona Sul, os ambulantes dos Biscoitos Felippe se impressionaram com o que viram. Era a primeira vez que saíam do estado de São Paulo e, por mais habituados que estivessem a trabalhar nas ruas, o movimento da cidade os tomara de surpresa.

Religiosos e fiéis do mundo inteiro estavam ali em romaria, misturados a residentes e ambulantes que comercializam velas, terços, imagens de santos e mais todo um sortimento de quinquilharias temáticas. Impossível saber onde começavam e terminavam as calçadas, era tudo um bloco só, uma multidão que parecia não ter fim em torno de um mesmo propósito: a fé. O restante do planeta deveria estar vazio.

O ápice da aglomeração se deu na Praça do Congresso. Lá, a área recém-aterrada desaparecia de vista, só o que se via era gente, um mar de gente. O altar, ao fundo, remetia a uma caravela na qual todos queriam embarcar.

Com o suicídio ainda recente do presidente Getúlio Vargas em 1954, foi o presidente Café Filho que saudou os peregrinos. Missas e celebrações se seguiram, rezas, cânticos, confissões. Nos dias seguintes, os eventos se espalharam por outros pontos da cidade.

Para essa empreitada, mesmo com o número de fiéis na casa do milhão, cada vendedor, ingenuamente, programou levar consigo pouco mais de 500 embalagens de 30 gramas de biscoito. Multiplicados por 5 (eram cinco ambulantes), os 2.500 saquinhos volumosos vieram cuidadosamente acondicionados num vagão de carga do trem que fazia a rota São Paulo–Rio–São Paulo. Essa quantidade, no entanto, que no início parecia razoável, logo se mostrou insuficiente. Nos dois primeiros dias, após 100% dos biscoitos vendidos a preço superfaturado, os ambulantes, encantados com o sucesso, tomaram o trem de volta, pressionaram os padeiros da Padaria Record e retornaram ao Congresso, com o dobro do primeiro lote.

Como esperado, sucesso absoluto novamente. Entre as areias da grande orla carioca e a romaria nas ruas, o resultado, mais uma vez, foi de venda total. Caso tivessem levado 1.200.000 saquinhos, um para cada visitante, 1.200.000 saquinhos de biscoito teriam sido vendidos.

Ao final do sétimo dia, exaustos porém satisfeitos e encantados com a Cidade Maravilhosa, os ambulantes se prepararam para voltar. Durante a viagem, enquanto números e valores eram anotados para ser entregues ao patrão, a semente de mais uma ideia era lançada. Restava jogá-la na terra para vê-la germinar.

No retorno à padaria, após a euforia da viagem e do lucro revertido em espécie, a preparação do terreno: se em São Paulo o forte da venda dos biscoitos era a rua e, nos finais de semana, as praias do litoral – as praias de Santos davam excelente faturamento –, no Rio de Janeiro, quase tão grande quanto São Paulo e com as praias logo ali, a dois passos das ruas, as vendas seriam mais lucrativas ainda.

Outra coisa: os cariocas, perceberam os ambulantes nos momentos em que enveredaram pelas areias de Copacabana, diferentemente dos paulistas, que iam à praia e queriam se alimentar, eram mais descontraídos e não ligavam para fazer refeições; queriam apenas beliscar. Os Biscoitos Felippe, leves do jeito que eram, seriam, portanto, o belisco ideal. Com base nesses argumentos, veio a pergunta: *Por que não abrir uma fábrica de biscoitos no Rio de Janeiro?*

Por incrível que pareça, levando-se em consideração a época em que tudo aconteceu e no que uma decisão de tamanho porte representaria, a ideia foi acatada pelo patrão, sem grandes reflexões. Foi como se o próprio Germano já viesse pensando nisso havia anos. Mas o seu raciocínio é que era rápido: se o lugar era receptivo, o produto era bom, o investimento não era lá dos maiores – arrendariam um forno, de início – e havia dinheiro para isso, por que não? Restava, mais uma vez, consultar Milton e o irmão. Se eles concordassem em se mudar para o Rio de Janeiro e tocar uma padaria por lá, o negócio estaria fechado.

Para Milton e João, no entanto, a decisão não foi tão simples assim. Mudar de bairro, mas estar sempre com a família, era uma coisa; mudar de estado era outra. Embora Aparecida estivesse sob os cuidados da mãe e eles também já tivessem restabelecido contato com ela, o pai, que agora trabalhava como sapateiro, ficaria praticamente sozinho. E isso os preocupava. A tentação, porém, assim como a vontade de prosperar, era grande. Além de Milton saber que assumiria responsabilidades mais sérias tanto em relação ao trabalho – o que lhe agradava muito – quanto em relação ao irmão, o Rio de Janeiro era a capital do país, e isso era promissor. Em conversa com João, a decisão foi pela mudança.

Poucos meses. Pouquíssimos meses após a tomada de decisão foi o tempo necessário para que tudo se ajeitasse. Milton e João, sem muito o que deixar para trás, organizaram-se, despediram-se da família e, junto com um funcionário mais velho, Vitório, chefe de serviço e também primo de Germano, além do próprio Germano, fizeram as malas e partiram para o Rio. Os vendedores seguiriam depois.

Curiosidades

Sem espaço para receber o grande número de fiéis que viria para o 36º Congresso Eucarístico Internacional, a solução foi aterrar parte da Baía de Guanabara, na altura do bairro do Flamengo, e ali preparar um terreno de 390.000m², dos quais 250.000 seriam ocupados pela Praça do Congresso. Para isso, foram despejados dois milhões de metros cúbicos de terra provenientes do desmonte de parte do morro de Santo Antônio.

O altar monumento, onde foram realizados os atos e solenidades litúrgicos do 36º Congresso Eucarístico Internacional, foi projeto do arquiteto Lucio Costa, mesmo arquiteto que, em 1969, fez o plano piloto de expansão da cidade do Rio de Janeiro para a Zona Oeste, para a Barra da Tijuca.

Capítulo 6

A chegada ao Rio de Janeiro

Ao chegar, ainda em 1955, os rapazes e o primo alojaram-se na pensão de um casal de portugueses, em Botafogo – a mesma onde os vendedores haviam se hospedado durante o Congresso Eucarístico –, ocupando quartos com beliches, banheiro no final do corredor e trocando o bom e costumeiro arroz com feijão paulistano pelo típico bacalhau com batatas lusitano em rios de azeite.

Quanto ao trabalho, em questão de dias, Germano Felippe fez contato com uma padaria na mesma rua da pensão, São Clemente nº 29, acertou o arrendamento, que já estava mais ou menos alinhavado, de um de seus dois fornos, e pôs os rapazes para produzir biscoitos num espaço nos fundos do imóvel.

Na época, com a distribuição de pão e leite feita em domicílio no Rio de Janeiro e sem atendimento ao balcão, chegar aos fundos da padaria não era das coisas mais fáceis. Contando com um corredor externo e lateral onde ficavam estacionadas carrocinhas e bicicletas para a entrega, o engarrafamento que não existia ainda nas ruas já existia naquele corredor, fazendo com que os jovens empreendedores tivessem que passar espremidos até o local de trabalho.

Após a chegada às 5h da manhã, a produção começava em seguida: juntando os ingredientes e preparando a massa, utilizando a masseira da padaria nos horários em que ela estava vaga e usando saquinhos de confeiteiro confeccionados com lençóis Santista para fazer os anéis, os rapazes colocavam as rosquinhas para assar em formas improvisadas, feitas do fundo das latas de gordura de coco. "Quando a gente fazia isso, normalmente uma vez por semana, ganhava o apelido de *vira-lata*. A gordura acabava, a gente lavava as latas, virava, cerrava o fundo e transformava em forma. Ficava bom porque elas eram do tamanho certo para entrar no forno", lembra Hildo Gonçalves, que entrou na empresa pouco depois, trabalhando como ajudante. Nesses fundos de lata é que eram acomodados os anéis. Agora, 100 quilos de anéis por dia.

Para a venda dos biscoitos, da mesma forma que acontecia com o pão e o leite, também não havia atendimento ao balcão. Com o aval da padaria da frente, que deixava os rapazes comprarem matéria-prima em seu nome e venderem o produto pronto de forma independente, eles eram oferecidos a quilo para outras padarias e mercadinhos, e dentro de saquinhos de papel para os consumidores finais, pelos mesmos ambulantes que antes trabalhavam em São Paulo. Os saquinhos, feitos de material semelhante ao de hoje, embora estampassem a marca Biscoitos Felippe, não impediram que os biscoitos ficassem conhecidos como "biscoitos paulistas".

Num curto espaço de tempo, com a previsão dos ambulantes se confirmando e a praia mostrando-se de fato o melhor dos mercados para os biscoitos, a venda cresceu a tal ponto que o forno arrendado precisou aumentar a produção. Sem dinheiro ainda para investir, a solução naquele momento foi uma só: aumentar o expediente de trabalho e varar a noite. Para melhor aproveitar as 24 horas do dia, os rapazes pensaram em morar na própria padaria. E moraram.

Da mesma forma que na paulista Record, nos fundos da padaria carioca havia uns quartinhos pequenos para abrigar os padeiros. Sem demora, os rapazes decidiram então sair da pensão e se mudaram para lá, completando 12, 13 horas de trabalho por dia, às vezes dormindo ao lado do próprio forno e ficando tão pálidos quanto o polvilho que manipulavam.

Como se pode ver, apesar da grande mudança geográfica, a vida dos irmãos Ponce permaneceu praticamente a mesma que a do Ipiranga. A praia, o grande diferencial e onde os rapazes ficavam ávidos para ir sem sacos de biscoitos nas costas – aos domingos eles também viravam ambulantes –, era quase tão inacessível quanto lá na capital paulista. O trabalho era pesado, não sobrava tempo para muita coisa senão preparar massa, assar, embalar e vender.

Três anos se passaram nesse esquema pesado e artesanal de produção, tempo suficiente para que os irmãos se familiarizassem com a cidade, adquirissem mais confiança, para que Milton se tornasse chefe de vendas e de produção no lugar de Vitório, e para que Germano Felippe, paulista da gema que agora vinha de 15 em 15 dias ao Rio, construísse, com o rendimento dos biscoitos produzidos na cidade, uma fábrica em Santo Amaro.

Sim, exatamente isso. Apesar de pequeno, o negócio era lucrativo: um único forno à lenha em Botafogo, então já produzindo 120 quilos de biscoito ao dia, não só pagava o salário de seus funcionários como ajudava a construir o prédio de outra fábrica em São Paulo.

Promovido a chefe, Milton, então com 19 anos, mais senhor de si, com um ajudante na padaria e um rendimento maior, conseguiu se organizar melhor no trabalho e, finalmente, arrumar um tempo para namorar. Era homem feito, jovem, com um emprego fixo e hormônios em ebulição. Por que não?

Foi no mesmo ano, em 1958, que ele a conheceu. Ela, Neide, 14 anos, uma bela carioca de olhos verdes que trabalhava nas hoje extintas Lojas Brasileiras, arrebatou o coração do rapaz. Namoraram por pouco mais de um ano e resolveram se casar.

A notícia não surpreendeu – namorar e casar era a lei natural das coisas, afinal de contas, e a idade também era propícia. Com João mais velho e não mais tão dependente do irmão, não havia qualquer impedimento. O que veio a surpreender foi o presente que Germano Felippe ofereceu a ele: a sociedade na empresa.

Tornar-se sócio do pequeno negócio deixou o jovem Milton exultante. Já satisfeito em ter uma situação que lhe permitisse casar e começar uma família, a sociedade viera a superar todas as suas expectativas. Não só pelo dinheiro, o que já seria ótimo, mas também pela confiança, pelo reconhecimento e pela importância: de chefe a dono, no espaço de pouco mais de um ano.

Mas acontece que, como também era natural na época, nada vinha de graça e, por mais que Germano Felippe representasse um pai para Milton, desde a acolhida no Ipiranga até a mudança para o Rio, negócio era negócio, e as condições da sociedade foram explicadas de forma bem clara e direta:

"Dê uma olhada no que me vendeu no ano passado, de janeiro a dezembro", disse Germano. "Você será meu sócio agora, terá a sua parte, e eu a minha. A minha parte será o valor igual ao do ano passado. A sua será o que você fizer a mais. Fabrique mais e tire o seu."

De exultante, Milton passou a assustado. *Poderia devolver o presente?* Teve medo de não dar conta. Para vender mais, precisaria contratar mais um ajudante; para contratar mais um ajudante, precisaria vender mais. *Dilema Tostines*. Se não contratasse, não teria tempo nem para dormir. Justo agora que iria se casar... O primo era duro, ele sabia, mas se fazia isso era porque confiava na sua capacidade. Então ele confiaria também. E o presente foi aceito. Ele daria um jeito, encontraria uma saída.

Como primeira ação depois de se tornar sócio da empresa e após muito pensar, o novo empresário teve uma ideia que talvez desse certo. O dono da padaria da qual ele arrendava o forno, Sr. Alfredo Simões, tinha, além da padaria em Botafogo, outras nove espalhadas pela Zona Sul. Muito simpático e conversador, o Sr. Alfredo sempre parava com Milton para uma prosa durante o expediente e se mostrava admirado por seu trabalho e dedicação. *Um rapaz tão novo!* Tirando vantagem dessa admiração, Milton, um dia, o abordou falando mais ou menos assim:

"Sr. Alfredo, sem querer depreciar o seu produto... Mas eu estou aqui perto e estou vendo... O senhor produz um biscoito de polvilho de muito má qualidade... O seu padeiro não tem tempo, não se dedica, não é qualificado... O senhor tem noção da venda que está perdendo? De quantos biscoitos o senhor está deixando de vender?"

O Sr. Alfredo fez cara de que não tinha. Milton continuou:

"O senhor não aceitaria vender o meu biscoito aqui e nas suas outras padarias, e ver o que acontece?"

O Sr. Alfredo, sem saber ao certo como se sentir com o comentário, perguntou a Milton por que ele não ia pessoalmente às suas padarias e conversava com os gerentes. Quando Milton lhe respondeu que já havia feito isso, mas que os gerentes, que mais pareciam donos do que qualquer outra coisa, haviam dito que não, o Sr. Alfredo, mordido por tamanha petulância, pegou cartõezinhos com o endereço das nove padarias e mandou Milton entregar, diariamente, cinco quilos de biscoitos em cada uma.

Desnecessário dizer que a ideia deu certo. Com os biscoitos de polvilho à moda Ponce entregues em cada padaria, as vendas do Sr. Alfredo cresceram tanto que as concorrentes vizinhas acabaram ficando com a produção excedente e, aos poucos, passaram também a comprar os biscoitos paulistas. Com isso, num curto espaço de tempo, as nove padarias iniciais tornaram-se 30, 40, Milton mais do que dobrou o faturamento do ano anterior e, merecidamente, sentiu os benefícios de ser sócio.

Uns quatro anos se passaram assim, com aquele mesmo forno arrendado operando milagres de faturamento e produção. Orgulhoso com o sucesso dos primos que ajudou a treinar e com a fábrica pronta em Santo Amaro (um sobrado com espaço para escritórios e produção), Germano Felippe, sem precisar mais do faturamento do forno carioca, fez outra proposta a Milton. Dessa vez, uma proposta realmente camarada, de pai para filho. A preço simbólico, ofereceu sua parte a ele e, finalmente, em 1963, Milton Ponce, então também pai de uma menina, Katia, tornou-se o único proprietário do negócio.

Curiosidades

Um caso de emissoras - 1: antes de virarem *Biscoito Globo*, os biscoitos de polvilho eram feitos na Padaria Record.

Um caso de emissoras - 2: Durante 30 anos o fornecedor de polvilho do *Biscoito Globo* foi o Polvilho Record.

O funcionário mais antigo do *Biscoito Globo*, Hildo Gonçalvez, começou a trabalhar como ajudante de Milton em 1958. Com 44 anos de empresa, aposentado em 2002, ele aparece sempre por lá para papear e matar a saudade do patrão que considera amigo e irmão.

Capítulo 7

Então o carioquíssimo *Biscoito Globo* é...

Paulista, Biscoito Felippe? Bem, só no começo. Vamos por partes.

Único dono da pequena empresa, com mais dinheiro na mão e também mais liberdade para agir, Milton podia agora decidir que rumo dar à fabricação dos biscoitos. Permaneceria onde estava, nos fundos de outra padaria, ou tentaria crescer? E a resposta estava mais perto do que ele imaginava: logo ali na frente.

O Sr. Alfredo Simões e seu sócio José Castanheira, na realidade, mais do que donos de padarias, eram verdadeiros investidores do ramo da panificação. Começavam com aquele esquema de atendimento a portas fechadas, entregando toda a produção para vendedores que passavam para coletar e distribuir o pão, e, tão logo o negócio pegava embalo e o produto ficava conhecido, abriam uma porta para a calçada, colocavam um balcão, uma placa de padaria, e a botavam à venda – o prenúncio das *startups*?

Com esse pensamento empresarial em mente e com toda expertise que os anos de prática lhes concederam, eles decidiram repetir a mesma estratégia com a padaria de Botafogo: adequaram o negócio para o atendimento ao público e resolveram passá-lo adiante. Francisco Nunes

Torrão, um jovem de 27 anos, que já há algum tempo trabalhava como gerente para essa dupla portuguesa – e também era português – interessou-se. Sempre fora empregado, não tinha participação nenhuma no negócio dos patrões e entendia de padaria como ninguém. Talvez fosse essa a sua chance.

Milton, ali perto, também ciente de que o negócio estava à venda, mas sem saber como poderia dar conta sozinho de uma padaria – ele fabricava biscoitos das 5h às 17h –, conversava um dia com Francisco, após o expediente, quando surgiu o assunto da possibilidade de uma sociedade. Estavam os dois sentados em banquinhos altos de madeira, tomando uma gelada no bar Top Kapi, na praia de Botafogo. Com um raciocínio tão rápido e prático quanto o do primo Germano, Milton refletiu brevemente entre um copo e outro:

Sair da informalidade de um forno arrendado e virar dono de padaria
com balcão. Uma vez dono de padaria com balcão, vender mais.
Para vender mais, fabricar mais. Fabricar mais e fabricar também
pães e bolos, vender leite, presunto, queijo... Para tudo isso, é preciso
mesmo ter um sócio. Padaria que é padaria precisa de um sócio português.
Francisco é gerente de padaria e é português... O negócio é mesmo bom.
Resta saber as condições da compra.

Quando Francisco Torrão e Milton anunciaram aos donos que queriam comprar a padaria, os dois ficaram empolgadíssimos, e o negócio foi logo fechado. Era como se tudo permanecesse em família, passado de pai para filhos. Mal comprara a fábrica de biscoitos, Milton já expandia o negócio, arrumando um sócio. Não poderia ter havido acordo melhor.

Na nova panificadora, com um português no comando dos pães e um filho de espanhóis cuidando dos biscoitos, a padaria que recentemente abrira as portas para a calçada tomou vulto, cresceu, e a antiga entrega de mercadorias foi substituída por uma clientela que passou a frequentar o balcão.

Na ausência de mercados como conhecemos hoje, novos produtos passaram também a ser oferecidos nas prateleiras: café, açúcar, farinha, aveia... E na mesma proporção que cresciam clientes e produtos, cresciam também trabalho, número de funcionários e receita.

Com o dinheiro finalmente entrando mais fácil e vendo o bom negócio em que estavam envolvidos, os novos sócios se perguntaram por que não pensar em fazer o mesmo que os amigos e investidores portugueses: comprar outras padarias? Com Jaime já no Rio e João em outra empresa, Milton e Francisco, planejando incluí-los no negócio, aproveitaram a oportunidade de comprar uma panificadora falida no Centro da cidade e os chamaram para ajudar a reerguê-la. Jaime aceitou, João por ora não – não podia se desligar tão rapidamente do outro emprego. Com sua negativa, foi preciso encontrar outro sócio. Um conhecido de Milton, com o mesmo nome do primo paulista, comporia inicialmente a sociedade, mesmo que por um breve espaço de tempo. O ano era 1965, e assim foi adquirida a Panificação Mandarino, razão social que persiste até hoje.

Ao passo que a Panificação Mandarino reiniciava suas atividades sob nova direção, tendo Jaime e Germano como força motriz, a padaria de Botafogo continuava a todo vapor: mais clientes, mais produtos, mais trabalho e mais gente ajudando. Os biscoitos, que faziam sucesso nas praias, eram agora conhecidos em toda a cidade. Tudo estava andando melhor do que o esperado. Uma coisa, porém, tinha que ser resolvida ainda: os biscoitos precisavam trocar de nome. Não fazia sentido continuarem a se chamar Biscoitos Felippe e ser conhecidos como "biscoitos paulistas".

Desde 1955 no Rio de Janeiro, com excelente receptividade por parte do povo, o ideal seria um nome que os identificasse como cariocas: Biscoito Copacabana pareceu uma ótima solução. Essa escolha, no entanto, teve vida curta. Icônico como ele só, o nome já possuía dono: pertencia a uma confeitaria petropolitana que fazia outro tipo de biscoito, mas que era detentora da marca. Era preciso pensar numa outra opção.

Foi uma parada para atravessar a rua em direção ao trabalho que fez Milton decidir. Ali, no meio-fio, os olhos viram o óbvio: a placa da padaria que comprara: Padaria Globo. *Padaria Globo... Biscoito Globo*, claro.

Ainda assim, o que havia de carioca num nome *global*? O jornal apenas, *O Globo*. Nem a rede de televisão estava no ar ainda. Seria preciso acrescentar alguma coisa a esse nome meio sem graça. Só porque era o nome da padaria? E então uma bossa: o bonequinho do próprio jornal *O Globo*, já o principal jornal da cidade, da seção "o bonequinho viu". Sim, aquele bonequinho era bem simpático, achava Milton. Se inspiraria nele para compor a marca, e daria a ela uma justificativa marota, jovial e carioca.

Decididos o nome e a mascote, era preciso criar a logomarca para estampar os saquinhos. Foi na mesa do mesmo Top Kapi de Botafogo, num dos frequentes bate-papos regados a cerveja entre Milton, Francisco, Sr. Alfredo Simões e seu sócio (amigos até o fim da vida), que foi feito o primeiro esboço da nova embalagem: ao centro, abaixo da identificação do produto e da marca, viria o corpo de "o bonequinho viu" com uma esfera terrestre no lugar da cabeça.

Em seguida, em torno do bonequinho, uma moldura retangular. Bom, mas ainda longe do ideal. A embalagem estava vazia; o bonequinho perdido no nada. Era preciso mais. Os quatro pensaram então em símbolos globais. *A Torre Eiffel,* sugeriu um. *A Torre de Pisa,* sugeriu outro. *A Torre de Belém,* sugeriram os dois portugueses. E, na falta de uma torre carioca, o *Pão de Açúcar.*

Com a arte rabiscada, os sócios levaram o esboço ao profissional da fábrica que produzia as embalagens da Padaria Globo. Lá, na Cia. Jorge Mendes de Papéis e Artefatos, fundada em 1946 – hoje Jorge Mendes Artefatos de Papel Ltda –, havia um desenhista que fazia projetos de marca, mais um português, com o nome de Nelson. Alguns esboços foram feitos por Nelson, que aperfeiçoou os desenhos e acertou a diagramação.

Pronto. A embalagem estava definida. Abaixo da moldura retangular entrariam as informações da empresa e, no verso, a composição da fórmula. Para diferenciar o biscoito salgado do biscoito doce de forma legível para os ambulantes (na época, muitos eram analfabetos), a opção foi por cores diferentes: verde para o salgado, vermelho para o doce. E o *Biscoito Globo* estreou na praia, no lugar do Biscoito Copacabana, ex-Biscoito Felippe.

Curiosidades

Os saquinhos do *Biscoito Globo* são feitos de papel vegetal com uma película perolizada por dentro, para que a gordura seja absorvida e os biscoitos não percam a "crocância" em contato com o sol.

Há mais de 50 anos, os saquinhos de papel do *Biscoito Globo* são produzidos pelo mesmo fornecedor: Jorge Mendes Artefatos de Papel Ltda, em Olaria.

Capítulo 8

O sócio português

Francisco tinha 27 anos quando, junto com Milton, de 24, tornou-se dono da Padaria Globo.

Nascera em 1936, em Aveiro, cidade com limites para o mar e para uma região montanhosa. Conhecida como a Veneza Portuguesa, Aveiro tem uma bela arquitetura *art nouveau* e é cortada por uma rede de canais por onde trafegam moliceiros coloridos semelhantes às gôndolas venezianas.

A cidade é tão linda, tão viva e colorida, tão próxima da cidade do Porto (que tem bem mais que o dobro de sua população) e nem tão longe de Lisboa (quase sete vezes maior), que é difícil acreditar que alguém opte por não morar lá.

Mas os tempos eram outros quando o jovem Francisco escolheu deixar a quinta dos pais, produtora de batata, trigo, milho e vinho, onde vivia com mais duas irmãs. Após se formar na Escola Comercial e Industrial de Aveiro, anunciou ao pai que iria viajar. Queria cruzar o oceano, conhecer o mundo, ir para os Estados Unidos e, assim, evitar o alistamento militar no Portugal sob o jugo salazarista. O pai, que já havia trabalhado alguns anos na América do Norte, funcionário de *um tal de* Henry Ford, conseguiu para o filho uma carta de recomendação da viúva de seu antigo patrão, Clara Jane Bryant, que o tinha em alta estima. Em posse dessa carta e do diploma da Escola Comercial, Francisco deu então entrada nos papéis da imigração. E teria se mudado para lá, caso as cotas de imigração para os EUA não estivessem fechadas. Decepcionado e ansioso pela aventura além-mar, Francisco resolveu então vir para o Brasil. *De lá vou para os Estados Unidos*, pensou. Ano: 1954.

E mais uma vez teria ido, caso a embaixada americana não tivesse demorado tanto a chamá-lo. E quando o chamaram... ele já estava morando com um primo em Ipanema e trabalhando numa quitanda na antiga Rua Montenegro (hoje Vinicius de Moraes). Estabelecido e satisfeito com a experiência brasileira, decidiu que não queria mais sair. *Bye-bye, USA, see you anytime.*

Em sequência, começou a trabalhar na Padaria Príncipe, também em Ipanema, que pertencia aos patrícios Alfredo Simões, José Castanheira e ao tio de um deles, Sr. Agostinho Madeira. Na Padaria Príncipe, no início, Francisco contava os pães que iriam para as carrocinhas para então ser vendidos de porta em porta nas favelas vizinhas.

Pão e leite... lembra ele, *leite em garrafas de vidro: Vigor e CCPL*. Tinha, na época, 15 carrocinhas para despachar, e elas entregavam o pão nas favelas da Praia do Pinto, do Cantagalo, do Pavãozinho e da Catacumba. Fazia esse trabalho até as seis da manhã. Depois, tomava banho, colocava camisa de punho e gravata, e partia para o atendimento ao balcão. À noite, a padaria também fabricava pães de forma que eram embalados em papel-celofane e vendidos nos mercadinhos: Pão Príncipe.

Da Padaria Príncipe, que pouco depois foi vendida, Francisco foi para a Padaria Vitória, em Copacabana, e então para a Padaria Globo, em Botafogo, todas elas pertencentes aos mesmos patrões.

Capítulo 9

Negócios & mudanças & separações

Hoje em dia, uma panificadora em Botafogo, entre tantas outras, com dois sócios atuantes e suas famílias vivendo dela, talvez não ofereça o rendimento dos sonhos de nenhum empreendedor. Naquela época, porém, em meados dos anos 1960, quando o mundo parecia girar mais lentamente, as necessidades eram menores e os dois tipos de comércio mais lucrativos do ramo alimentício eram os açougues e as padarias; o dinheiro rendeu. Mal haviam se passado dois anos da aquisição da Padaria Globo, e seus donos já tinham comprado a Mandarino, as entregas de mercadorias contavam com uma Kombi, e a produção dos biscoitos não conseguia dar conta de tanta procura. O local estava ficando apertado, os padeiros esbarravam uns nos outros, pães, bolos e biscoitos eram produzidos juntos, e os fornos transbordantes de calor transformavam o lugar numa sucursal do inferno. Mais uma vez... estava na hora de crescer.

Foi ali na mesma rua, dez números adiante, que apareceu a melhor das oportunidades. Uma padaria espaçosa e com fachada ampla, que receberia bem a clientela e acabaria com o problema padeiros *versus* espaço físico. A Padaria Industrial. Com a aquisição, tudo ficaria mais fácil, seria possível dividir "biscoitos aqui, panificadora ali", e continuar a manter o gerenciamento sobre o todo.

A negociação foi satisfatória e a mudança, mais do que conveniente. O ano, agora, era 1968, os dois sócios originais moravam perto do trabalho, e tudo fluía como nunca: Francisco e Milton, os mais experientes, administravam os negócios em Botafogo; Jaime e um amigo da família, Basílio – que logo viera a substituir o sócio temporário na Panificação Mandarino –, administravam o negócio no Centro da cidade.

Quanto ao termo "administrar" utilizado aqui, talvez ele peça uma complementação por não fazer jus ao que de fato faziam os sócios em suas empresas. Se você pensou em homens com camisa de botão enfiada dentro da calça, fechando compras e vendas por telefone e comandando uma equipe de funcionários, errou. Administrar, para eles, além de gerir pessoas e desenrolar toda a burocracia da empresa, incluía também conhecer e executar todas as etapas da produção e da comercialização: compra de matéria-prima, fabricação, embalagem, atendimento, venda, entrega, RH, contabilidade, finanças... mesmo contando com o apoio de auxiliares e de uma contadora.

Milton Ponce, assim como o pai e depois o primo Germano, sempre fora empreendedor e trabalhador inato. Vivia para o trabalho. Era dele que retirava tudo de que precisava para sustentar a família e mantê-la por perto. O mesmo acontecia com Francisco, também casado e pai de dois meninos, Francisco Filho e Roberto.

Com tanto o que fazer, as horas na empresa, embora prazerosas, eram também árduas e cansativas. Excessivas, diga-se de passagem, pois, por mais funcionários que entrassem para trabalhar nas padarias, o consumo dos produtos fabricados pelos Ponce & Torrão não parava de aumentar.

Quanto à vida em família, as esposas começavam a reclamar. Era como se os maridos não se dessem conta – pois poucos se davam conta na época – de que relacionamentos precisavam de atenção, ou, em termos bem clichês, precisavam ser cultivados *diariamente*.

Para agravar a insatisfação das esposas, a época fervilhava de acontecimentos ousados mundo afora: sutiãs eram incendiados na universidade americana de Berkeley e quebra-quebras se intensificavam em favor das minorias nas ruas de Paris. Maridos que saíam de casa de madrugada para trabalhar e só retornavam à noite, após esticadas tomando cerveja, pareciam estar na contramão do que desejavam as mulheres naquele período de tantas revoluções. Isso, portanto, não estava nada bom. Seria preciso uma mudança de comportamento da parte deles.

Somada à reclamação contínua das esposas, uma nova situação ainda surgiu: o senhorio do imóvel em que funcionava a Padaria Globo apareceu com a notícia de que a padaria teria que sair dali. O imóvel em que estava estabelecida, na São Clemente 29, fora vendido e, em seu lugar, seria erguido um prédio. Aflitos de início e sem querer sair da praticidade daquele arranjo, os sócios, pelo menos, ficaram sabendo que receberiam uma indenização. *Não era muita coisa*, relembram, mas o suficiente para construir um galpão nos fundos da Padaria Industrial, e para lá passar a fabricação dos biscoitos. Com mais essa atividade de inspetores de obra, uma equação que se iniciara antes parecia agora prestes a se fechar:

TRABALHO EXCESSIVO + CERVEJA + OBRA = FIM DE CASAMENTO.

Embora em épocas diferentes, o inevitável fim chegou para ambos os casamentos. Não, não foi fácil para nenhum dos sócios e nem para nenhuma das partes. Principalmente para Milton, que não queria que acontecesse com ele o mesmo que acontecera com seus pais. Além disso, Katia, filha única, não teria a companhia de irmãos, coisa com que ele, pelo menos, sempre pudera contar.

Capítulo 10

Recomeço

Quatro anos. Quatro anos foi o espaço de tempo que Milton Ponce, após se separar, ficou sem se envolver com outra mulher – exceto da forma que se pode esperar de um homem na plena energia dos 30 e poucos anos, só e solteiro no Rio de Janeiro. Precisava de um tempo sozinho para entender por que o casamento falira, onde havia errado. Precisava de um tempo para se recuperar.

Após esse período de pseudocelibato, separado, morando em um apartamento alugado em Botafogo, Milton, que agora chegava de esticadas mais longas após o trabalho, passava pela portaria, cumprimentava o porteiro e entregava um bombom a uma moça que também trabalhava no prédio. Seu nome: Célia.

Célia era uma morena bem jeitosa, logo reparara ele. Na verdade, mais do que isso: com olhos e cabelos castanhos, corpo escultural e personalidade forte, era, nos seus 15 anos, uma morenaça fora de série. Mas Milton ainda estava magoado, sem conseguir digerir muito bem o fim do casamento; não era hora de se envolver com uma moça como aquela, decente, trabalhadora, de personalidade forte e de tirar o fôlego.

Célia, em contrapartida, também já havia reparado em Milton e, calculando a hora em que ele costumava chegar, dava sempre um jeito de estar nos arredores da portaria para, assim, continuar a vê-lo.

Um dia, porém, após meses de sorrisos e gentilezas, mas pouca atitude – Milton sempre foi um homem reservado –, Célia, já ficando impaciente por ele nunca a chamar para sair, recebe mais um bombom e, desconfiando de onde ele os trazia, disse mais ou menos assim:

"Milton, por que em vez de me dar bombons, você não me leva ao lugar de *onde* traz os bombons?"

Surpreso e encabulado, Milton, procurando a melhor forma de se expressar, responde:

"Célia, você faz ideia de onde trago esses bombons?"

"Faço sim", respondeu ela, determinada, em clara suspeita de que eles eram brindes de motel.

"E quer ir mesmo assim?" Se Milton já estava surpreso, agora estava estupefato.

"Sim, quero."

"Amanhã?"

"Amanhã."

Aqui é preciso abrir um parêntesis para não haver mal-entendidos. Hoje, quase 40 anos depois, uma moça de 15 anos é apenas uma menina. Em 1978, quando Milton e Célia se conheceram, não era bem assim. Tendo saído de casa, em Minas Gerais, aos nove anos de idade para viajar com uma família e trabalhar no Rio de Janeiro como babá, Célia, aos 15, já era mulher feita e independente, que não só se sustentava como mandava dinheiro para casa, a fim de ajudar a manter os pais e seus 16 irmãos.

Milton e Célia saíram, então, no dia seguinte. Depois, todos os domingos. Então, domingo e terça. Domingo, terça e quinta, Domingo, terça, quinta e sábado. E começaram a se envolver. Célia, encantada com o jeito dele: gentil, galanteador. Ele, encantado com o jeito dela: simples, desinteressado, com olhos só para ele. E as saídas passaram de encontros constantes a namoro.

Um dia, porém, três anos depois e do nada, Célia disse a Milton que partiria, retornaria para Minas, onde morava a família, e iria sozinha. Estava grávida, sabia que a vida dele era de muito trabalho, que ele não queria outros filhos, e ela não queria prendê-lo com um bebê. Milton tentou interceder, dizendo que aquilo não fazia sentido, mas ela não voltou atrás, era teimosa, não precisava de ajuda e sabia se virar muito bem sozinha. Coisa que sempre fizera.

Milton, sem conseguir dobrá-la, fez a única coisa que foi possível fazer: continuou atrás dela. Não era homem de abandonar mulher e filho, a vida lhe mostrara mais de uma vez o que isso significava, e ele jamais tomaria iniciativa semelhante.

Sabendo o dia em que ela iria embora, tentou ainda impedi-la, mas Célia já havia saído de casa. Correu então à rodoviária e a encontrou na plataforma de embarque. Lá, ao ver que não havia mesmo jeito, perguntou então se podia ao menos levá-la de carro à Leopoldina, até a casa em que moraria com os pais, para ficar conhecendo seu endereço. Célia aceitou.

Lá chegando, Milton pediu ainda que ela lhe telefonasse todas as semanas, para que ele pudesse trabalhar mais tranquilo no Rio. Mas Célia não telefonou.

Sem notícias, mal se passou um mês e lá foi Milton de novo atrás de Célia, sozinho pela estrada, pensando em como resolveria aquela situação. Estacionou em frente à casa, passou pelo portão, bateu à porta, um medo súbito de não encontrá-la lhe passando pela cabeça.

Por sorte, ela estava em casa, sentada no sofá, com uma revista nas mãos. Ao vê-lo entrar, sua reação foi automática: levantou-se, sorriu e pôs a mão sobre a barriga que começava a aparecer. Hipnotizado, Milton se aproximou, colocou a mão por cima da dela, e, nesse momento feliz de final de novela, os dois se abraçaram, ficando tacitamente decidido que não iriam mais se separar.

Como Célia, porém, alegando que ali seria um lugar melhor para criar os filhos, ainda insistia em não voltar para o Rio, Milton comprou uma casa em Leopoldina, e eles se mudaram para lá, para onde ele iria todos os finais de semana.

O acordo ainda funcionou durante alguns anos após o nascimento de Patrícia, primeira filha do casal, e de Marcelo. Foi quando nasceu Paloma que a situação mudou e foi preciso mais uma vez dobrar a durona Célia. Para isso, Milton usou o único artifício que sabia que a convenceria: a emoção. Não aguentava mais ficar separado dela e das crianças. Não tinha como se mudar para Minas por causa dos negócios. Será que ela não poderia ceder? Célia finalmente cedeu e retornou com os filhos e o marido para o Rio.

Quanto a Francisco, anos depois, após a separação da primeira esposa, Maria Irene, casou-se novamente aos 50 anos com a também portuguesa Maria Eneida, que conheceu numa discoteca em Coimbra. Vivendo com ela até hoje, alterna meses do ano entre o Brasil e Portugal.

Com os novos arranjos familiares, as então duas padarias seguiram funcionando juntas até que, no início da década de 1990, ao receber uma boa proposta de compra pela Padaria Industrial, Milton e Francisco se despediram da querida Rua São Clemente e se concentraram na Rua do Senado, sede até hoje, somente na produção dos biscoitos.

Curiosidades

Antes chamada Rua do Resende em homenagem
ao vice-rei conde de Resende, que em 1746
abriu a via no Centro da cidade do Rio de Janeiro,
a rua onde hoje fica a sede do *Biscoito Globo*
passou a se chamar Rua do Senado a pedido
do mesmo vice-rei, que decidiu homenagear o
Senado da Câmara que o ajudou não só a
abrir a rua como a saneá-la.

Com seus tradicionais sobrados, a Rua do Senado não só serviu de residência a muitas famílias cariocas, como de cenário para a literatura: "A casa em que eu estava hospedado era a do escrivão Meneses, que fora casado, em primeiras núpcias, com uma de minhas primas. A segunda mulher, Conceição, e a mãe desta acolheram-me bem, quando vim de Mangaratiba para o Rio de Janeiro, meses antes, a estudar preparatórios. Vivia tranquilo, naquela casa assobradada da rua do Senado, com os meus livros, poucas relações, alguns passeios. A família era pequena, o escrivão, a mulher, a sogra e duas escravas." "Missa do Galo", Machado de Assis.

Capítulo 11

A fábrica e sua produção

Rua do Senado 273-A. Fácil, não? *Bem no Centro,* pensa você, e então: 1) pega o carro e vai até lá, dá uma volta, duas, três, e se pergunta: *Cadê o Biscoito Globo?* ou 2) pega um ônibus ou o metrô até a Cinelândia, vai andando até a Rua do Senado e volta a perguntar: *Cadê a fábrica?* ou ainda 3) pega um táxi, feliz da vida que o estresse será todo do motorista, e, ao chegar, ele estranha: *Tem certeza que é aqui?*

Endereço fantasma? Não, não há dúvida da existência da fábrica do *Biscoito Globo.* Acontece que, por trás daquela sequência de casarios em tons acinzentado, sépia, ou terracota, de arquitetura típica do século 19, vez por outra intercalada por alguma construção mais moderna, encontram-se vários prédios de três a quatro andares que mantêm a fachada original tombada pelo Patrimônio Histórico. Numa dessas fachadas do que antes fora um hotel e depois uma padaria com balcão, há uma porta estreita, sem qualquer placa ou letreiro, que é a entrada da empresa.

Ao chegar de táxi ao endereço e ouvir o motorista perguntar se é ali mesmo, acerte a corrida, desça e vá procurando o número bem devagar para não correr o risco de passar direto. Ao encontrá-lo, você dará de cara com um corredor estreito, ladeado por bancos de madeira, e com piso de sóbrias lajotas. Ali, no final desse corredor, há uma porta de vidro com grades de alumínio. Na metade inferior, um vão de aproximadamente 1mx20cm, por onde passam os sacos de biscoito.

Ao tocar a campainha, um rapaz atenderá: Marcelo, filho de Milton e Célia. Marcelo é adulto agora, pai de família, e trabalha na empresa desde a adolescência, chegando todos os dias, impreterivelmente, às cinco da manhã para abrir a fábrica e atender aos ambulantes que madrugam. Trabalha em pé, não dá tempo de sentar. Junto com ele na recepção, e também atuando na manutenção das máquinas, trabalha Renato, um dos filhos de Jaime.

Na recepção, há uma mesinha pequena com uma cadeira e um móvel de madeira adaptado para armazenar controles, pedidos, cartõezinhos com senhas e o caixa. Das paredes que cercam a recepção, duas guardam um estoque de sacos transparentes com pacotinhos de biscoito para venda imediata, tipo: apareceu, pagou, levou. Outra exibe quadros emoldurados com notícias de jornal que vão desde celebridades consumindo o biscoito até o parque fabril de um fornecedor de polvilho. Um vão largo leva à produção ali mesmo no primeiro andar.

De 20 a 30 funcionários se revezam em turnos na fabricação dos biscoitos. Enquanto uns preparam a massa, outros operam as pingadeiras, outros operam os fornos, e outros empacotam os biscoitos. Há também os que colocam os biscoitos embalados dentro de sacos ou de caixas de papelão. Fora da linha direta de produção, há os que auxiliam em serviços gerais e, por fim, outros que só fazem as entregas. Quanto aos sócios proprietários da primeira geração, todos atuam em praticamente todos os setores, conhecendo o funcionamento da empresa por inteiro.

Por dia – fazendo uma média entre a produção no inverno e no alto verão –, são preparadas 15 massas. Cada uma contendo 50 quilos de polvilho, cerca de 46 ovos, 5 litros de leite, uma medida variável de água, 1 quilo de sal (para o biscoito salgado), 3 quilos de açúcar (para o biscoito doce) e 15 quilos de gordura de coco.

De cada 15 massas saem, aproximadamente, 15.000 porções, ou melhor, 15.000 saquinhos de 30 gramas, com nove rosquinhas, que, via matemática básica, resultam em 135.000 anéis produzidos diariamente na Panificação Mandarino.

A receita do biscoito é simples – polvilho, gordura, leite e ovos – e permanece praticamente a mesma desde o início de sua produção, ainda em São Paulo. O que se faz hoje são adequações ditadas pela qualidade do polvilho: um pouco mais de gordura, de leite, de sal ou de açúcar. Algo imperceptível para os consumidores, mas precioso para os fabricantes, pois dessas adequações depende o crescimento da massa. "Biscoito que cresce é biscoito que dá lucro", dizem os fabricantes. Quanto maior ele fica, maior o vazio em seu interior e mais leve o produto. "Vendemos espaços vazios", brincam eles, "os famosos biscoitos de vento".

O processo de produção também não poderia ser mais simples: nas masseiras, entram primeiro o polvilho e o tempero (o tempero é a gordura com um pouco de água); em seguida, acrescenta-se mais água na medida requerida pela mistura. Cada massa pede uma quantidade X de água, que faz toda a diferença no crescimento dos biscoitos (para o biscoito salgado, utilizam-se três vezes mais água do que para o biscoito doce).

Essa primeira mistura é batida ininterruptamente por uma braçadeira até se obter o ponto desejado. A ela, depois, se juntam os ovos, o sal ou o açúcar e o leite. E então mais um tempo de batida, em média 30 minutos dependendo da massa (se é salgada ou doce) e, mais uma vez, da qualidade do polvilho, que pode se apresentar mais ou menos granulado, à mercê da safra.

Depois de batida duas vezes na masseira, a mistura é ainda despejada em um bojo para (pasmem!) o ponto ser dado à mão. E é aí que reside o grande segredo do *Biscoito Globo*: enquanto a concorrência tira a mistura da masseira, lhe dá a forma de anéis, palitos ou bolinhas e a leva diretamente ao forno, os funcionários da Panificação Mandarino arregaçam as mangas, vestem luvas descartáveis e, literalmente, metem a mão na massa.

Em termos de processo de fabricação, ainda mais se tivermos em mente modernas esteiras rolantes e braços robóticos superautomatizados, essa etapa manual, sem dúvida, representa um tremendo atraso na linha de produção. No resultado final, no entanto, nem é preciso dizer: é indispensável. Sem ela, a massa ficaria pesada, compacta, muito diferente da massa aerada e farelenta a que estamos acostumados. São os sócios e os funcionários mais antigos que passam o segredo do ponto da massa aos mais novos, coisa que, segundo eles, só se aprende com muita prática e certa dose de intuição.

Depois de "manuseada manualmente" (a massa não precisa descansar) é que ela vai para as pingadeiras. Feitas de aço inox, as pingadeiras de biscoito injetam 41 anéis em cada uma das 64 assadeiras finas e achatadas que dali partem em carrinhos para dentro dos fornos.

Nos cinco fornos da marca Perfecta Curitiba, que ficam de frente para as pingadeiras e têm compartimentos para receber os carrinhos, é que acontece a evaporação dos líquidos e a expansão dos gases, dando a textura aerada ao biscoito que só deixa de "esburacar" quando uma crosta se forma na parte externa dos anéis fazendo com que parem de estufar. Após cada fornada de 15 a 20 minutos (são cerca de 135 fornadas ao dia, em turnos que às vezes vão das 6:00 às 21:00, podendo chegar a 180 no alto verão), as rosquinhas que serão embaladas em sacos de papel são acondicionadas em caixas pretas e levadas para uma estufa anexa à produção. Dessas estufas (salas aquecidas por lâmpadas especiais), os biscoitos vão para o setor de embalagem, onde trabalha o outro filho de Jaime, Marco Aurélio. Os biscoitos que serão acondicionados em sacos plásticos são postos em caixas azuis que sobem por um elevador industrial até o segundo andar, onde o empacotamento é todo executado por maquinário. Também no segundo andar da empresa funciona o escritório onde Francisco Filho cuida da parte financeira e contábil da empresa.

Da fábrica para as mãos dos ambulantes saem 25, 40 ou 50 pacotinhos de papel dentro de sacos plásticos transparentes. Para lojas, escolas e mercados, saem 25 saquinhos plásticos dentro de caixas de papelão (tanto as embalagens de papel quanto as de plástico acondicionam 30 gramas de biscoito). Para as padarias, saem sacos de dois quilos de rosquinhas soltas, para vendas a peso em balcão.

Com validade pequena por conta da ausência de conservantes (outro segredo da leveza do *Biscoito Globo*), os biscoitos que são embalados nos saquinhos de papel não podem ficar mais do que quatro dias no estoque da fábrica. Esses saquinhos precisam, de qualquer jeito, sair nos três dias seguintes ao da fabricação. Se não saírem é *pânico na área*: para-se toda a produção, nem mais um biscoito é fabricado, e o que já foi produzido será embalado em sacos plásticos, que oferecem validade mais extensa.

O acréscimo das embalagens plásticas ocorreu por volta de 2003, época da sábia decisão da prefeitura de proibir a venda de doces e frituras nas cantinas das escolas da cidade, decisão mais tarde apoiada pelo juiz da 1ª Vara da Infância, da Juventude e do Idoso, que estendeu a medida às outras unidades de ensino do estado. Com isso, a Panificação Mandarino começou a receber várias ligações de escolas cariocas e fluminenses, perguntando se a empresa não teria condições de fornecer os biscoitos para o lanche dos alunos.

Vislumbrando ali um mercado que ainda não havia sido explorado – na verdade, nem lembrado –, a direção da empresa se reuniu para discutir a melhor forma de atender a essa nova demanda. Uma coisa era certa, a embalagem precisaria ser outra, mais forte, para proteger melhor os biscoitos e lhes dar maior validade.

A primeira opção de embalagem plástica foi feita com um material transparente, duas cores fixas – branco e dourado – e as tradicionais cores variáveis – vermelho e verde – para manter a diferenciação entre o doce e o salgado. De início, da mesma forma que acontecia com as embalagens de papel, os biscoitos eram ensacados à mão. Só no final do processo é que contavam com uma seladora para lacrar os sacos.

Só que essa embalagem transparente não deu certo. Bastou permitir que os biscoitos pudessem ser visualizados para a garotada começar a querer escolher o biscoito mais clarinho ou mais escurinho, apertá-los e eles começarem a se desintegrar. A mudança para a embalagem opaca (leitosa) foi uma necessidade que surgiu em seguida, assim como uma nova máquina toda automatizada para manuseá-la.

Com esse acondicionamento em embalagens plásticas, feito sob encomenda para as escolas, um mercado muito vasto e variado se abriu por tabela. Bombonières, quiosques, supermercados, butiques, armazéns e bancas de jornal começaram também a comercializar o produto, e não somente na cidade do Rio de Janeiro. Esse mercado, além de tornar o biscoito mais acessível a todos os tipos de consumidor, acabou também se transformando numa medida providencial.

Já adulta, a segunda geração Ponce e Torrão, que entrara para a empresa trabalhando como qualquer outro funcionário, começava então a se tornar sócia do negócio. Com sua entrada, os quatro sócios originais transformaram-se em sete – sete famílias vivendo do biscoito –, e o faturamento passou a não dar mais para tanta gente. Foi, portanto, o novo mercado que se abriu que fez com que a empresa permanecesse lucrativa.

"Ou inovávamos de alguma forma que aumentasse nossas vendas, ou acabaríamos tendo problemas", comenta Francisco Torrão.

Com um mesmo produto em embalagens diferentes (a única adequação feita nos biscoitos que saem acondicionados na embalagem plástica foi a diminuição do tamanho da rosquinha, para que passasse pelo funil da nova máquina) e, portanto, com prazos de validade diferentes, o planejamento da produção também se adaptou e passou a levar em consideração todas as seguintes informações:

1 Para o período de segunda a sexta-feira:

a *Os pedidos previamente colocados por escolas, lojas, mercados, padarias e outros clientes fixos.*

b *A previsão do tempo. Se a previsão for de chuva, não haverá venda por ambulantes a céu aberto e, portanto, redução na fabricação. Se a previsão for de sol, levam-se em consideração ainda os itens c, d, e:*

c *O número de ambulantes fixos.*

d *Um ou outro ambulante eventual.*

e *Os dois atacadistas, um na região da Manilha e outro na Vila Pinheiro, perto da Linha Amarela – um dos motivos pelos quais os ambulantes aparecem com tanta rapidez no asfalto –, que pegam uma quantidade habitual de pacotes de biscoito, enchem uma Kombi, dia sim, dia não, e levam os biscoitos para venda nas vias engarrafadas.*

2 Para os finais de semana:

a *A previsão do tempo. De olhos atentos às condições meteorológicas anunciadas na manhã de sexta e de sábado pelo jornal O Globo (o querido homônimo), a produção desses dias aumenta substancialmente para finais de semana ensolarados ou é interrompida para finais de semana chuvosos, dando merecido descanso aos funcionários, que são então dispensados mais cedo para casa, na própria sexta-feira.*

3 Para o alto verão:
a *Além dos pedidos fixos e dos pré-colocados, a previsão do tempo. Nos dias de sol, loucura total. Fornos e funcionários trabalham no máximo de suas capacidades, pois tudo o que é produzido é vendido quase que imediatamente.*
b *Com as escolas em período de férias, toda a produção antes direcionada a elas vai para as praias.*
c *Para que a Panificação Mandarino não deixe de atender nenhum ambulante, são distribuídas senhas com quantidade estipulada de sacos de biscoitos para uma fila de vendedores que se forma na porta da fábrica desde o anoitecer do dia anterior.*

Quanto à entrega e à distribuição, a localização da fábrica não deixa a desejar. Central e pacata até metade da manhã, a Rua do Senado é de fácil acesso aos ambulantes e, bem ou mal, comporta a fila que se forma durante as madrugadas de verão.

No que diz respeito à carteira de clientes com pedidos fixos, dentro dos limites da querida São Sebastião do Rio de Janeiro, os funcionários da Panificação Mandarino fazem a entrega em alguns locais com a Kombi da empresa. Para as lojas e supermercados fora da cidade, vários comerciantes varejistas, atacadistas, distribuidores ou atravessadores independentes vão à fábrica buscar os biscoitos. E olha que muita gente vai. Muita mesmo.

Curiosidades

Chamada "Capital Nacional do Polvilho", Conceição dos Ouros, em Minas Gerais, detém a maior produção de polvilho do Brasil: 13 a 15 mil toneladas são produzidas ali anualmente.

Quase artesanal, o processo de fabricação do polvilho é bem simples: após ser colhida, a mandioca é levada para um descascador, onde é lavada e depois enviada para um ralo de pressão. Quando ralada, há a formação de um caldo grosso que é transferido para centrífugas por uma bomba de alta pressão. Nas centrífugas, ocorre a separação do amido, da massa. Nesse processo, gastam-se quatro quilos de mandioca para fazer um quilo de polvilho. Após separado, o caldo grosso que se formou passa por uma turbina para eliminar 70% da água e algumas impurezas. Daí para frente, esse caldo se torna mais grosso ainda, passando para a decantação. Após oito horas de decantação, o restante de água é eliminado com o auxílio de um rodo de borracha, e a massa é transferida para um tanque de fermentação natural, sem aditivos químicos. Em sequência, num espaço de 25 a 30 dias, essa massa estará pronta para secagem ao sol. Antes de ir para o ar livre, ela passa ainda por uma máquina que a refina e acelera sua secagem. Da mandioca, tudo se aproveita: além do amido que se torna polvilho, a casca serve de adubo e a massa resultante da moagem, de ração animal.

Cronômetro na mão: os funcionários do *Biscoito Globo* levam, em média, oito segundos para colocar nove rosquinhas dentro do saquinho de papel e dar aquela dobradinha nas laterais.

Segundo a empresa, Magali Peixoto, antiga funcionária da Panificação Mandarino, embalou, ao longo de 35 anos de trabalho como empacotadora, cerca de 23 milhões e 100 mil saquinhos de *Biscoito Globo*!!!

Capítulo 12

Propaganda e novo design... pra quê?

Para desespero dos marqueteiros, das agências de publicidade, dos profissionais de mídia, dos professores universitários, seus alunos e seus *cases* de sucesso que disseminam a ideia do uso da propaganda no alavanco e manutenção dos negócios, o *Biscoito Globo* é um ponto fora da curva, uma ovelha desgarrada, uma dor de cabeça. Um *case* à parte.

Lá está o profissional todo criativo, animado, articulado, usando uma penca de argumentos para convencer o cliente a investir em algum tipo de mídia, e o cliente, na defensiva, pensa: *Se o* Biscoito Globo *vende há mais de 50 anos sem fazer propaganda, por que eu tenho que fazer? Qual o segredo dele?*

Antes de haver um segredo, a total ausência de propaganda dava-se, no início, pela ausência de verbas. Os biscoitos vendiam bem, okay, mas todo o rendimento deles era dirigido ao sustento dos donos e à gestão do próprio negócio. Além do mais, propaganda, décadas atrás, era coisa para megaempresas, não para uma padaria. Quando finalmente a sociedade entre Milton, Francisco e os irmãos se torna de fato lucrativa, não é mais dinheiro propriamente dito o que falta para a propaganda, mas alguém que se lembre de que ela existe.

Veja bem, tanto o processo produtivo quanto o administrativo das padarias eram artesanais. Além de inspecionar a produção e colocar a mão na massa, eram os próprios donos que atendiam os clientes, os ambulantes, os fornecedores, cuidavam da contabilidade, das finanças, do pessoal, assim como cuidavam da manutenção do imóvel e dos equipamentos. Havia ajuda, com certeza, mas as cabeças pensantes eram as deles, situação que só começou a mudar quando a segunda geração Ponce e Torrão uniu forças com a primeira.

Depois disso, mesmo com as tarefas administrativas mais bem distribuídas, a empresa mais automatizada, os custos de propaganda mais acessíveis e as formas de divulgação mais diversificadas, a opção pelo não uso de propaganda e marketing encontrou outra justificativa: não eram necessários.

E é aí que entra o segredo: enquanto empresas de vários segmentos precisam alugar aviões para puxar banners pelo céu, bem à vista dos frequentadores das praias, o *Biscoito Globo* tem sua própria vitrine circulando pela areia, no ombro de cada um dos 350 a 500 ambulantes que carregam sacos transparentes de 70x90cm exibindo sua marca bem na altura dos olhos de qualquer banhista. E, como se isso não bastasse, sua vitrine é ainda sonora: "Ó, o Globo!", "Salgado e doce, olha aí!"

Saindo do âmbito da praia, a história se repete também em outros locais de grande visibilidade e aglomeração: os engarrafamentos. Não são necessários outdoors, busdoors, nem painéis de led para que a marca seja vista pelos motoristas parados, pensando na infelicidade de estar ali. Basta o trânsito emperrar um pouquinho, minutos a mais do que o tempo de um sinal vermelho, e os ambulantes começam a surgir com sacos plásticos transparentes, circulando e gritando.

Nas mídias é a mesma coisa. Sai no jornal, sai na revista, passa na novela. A marca *Biscoito Globo* é tão familiar, tão "nossa", que as pessoas nem percebem que estão fazendo propaganda.

Certa vez, em um programa veiculado na tevê, em comemoração aos 450 anos do Rio de Janeiro, num encontro especial sobre a cidade, uma jornalista comentou que sacos de *Biscoito Globo* estavam sendo distribuídos na saída dos aeroportos acompanhados de um copo de mate. Ela não falou "biscoito de polvilho", ela falou *Biscoito Globo*.

Um humorista/youtuber, em um de seus programas ao ar livre, parou um vendedor ambulante na praia e ficou comendo *Biscoito Globo* durante mais de cinco minutos em frente à câmera, enquanto tagarelava abobrinhas.

Um programa humorístico da Band entrevistava uma pessoa na areia, quando um vendedor ambulante parou com um saco de *Biscoito Globo* atrás do entrevistado. O operador de câmera continuou filmando, o vendedor não saiu do lugar, e a reportagem prosseguiu com o biscoito ao fundo.

O protagonista do filme *Até que a sorte nos separe 3*, quando vai à falência pela terceira vez, o que faz? Vira ambulante de *Biscoito Globo*. Ou seja, é o *Globo* por toda parte.

Somada a essa disseminação de imagem (os exemplos são infinitos) e às vitrines ambulantes ou aos ambulantes-vitrine, há ainda outra fonte de divulgação do produto que se dá também de forma gratuita e voluntária, porém totalmente desvinculada da atividade comercial da Panificação Mandarino: o uso da marca. São cangas, bolsas, camisetas, chinelos, canecas, bonés, capachos, capas de celular, barracas, cadeiras de praia... estampados com a embalagem dos biscoitos sem que nenhuma confecção, loja ou artesão pague um centavo por isso. Em outras palavras, não há exploração da marca por parte da empresa e nem política de licenciamento. É como se o nome *Biscoito Globo* fosse de domínio público.

E a justificativa também é simples: não há tempo e nem pessoal para agenciar a marca. A empresa é basicamente familiar. A primeira geração de donos não delega tarefas administrativas a ninguém fora do clã, e a segunda geração, em respeito a essa regra, não consegue absorver mais do que já faz. Os outros filhos dos Ponce e Torrão que não estão envolvidos nos negócios da Panificação Mandarino – embora as filhas de Milton já tenham demonstrado interesse em trabalhar na empresa – seguem suas profissões e estão dispostos a mantê-las.

Por fim, para a diretoria da empresa, a não exploração da marca não significa negligência para com uma fonte potencial de captação de recursos, mas uma preocupação a menos em seu dia a dia e uma divulgação a mais, pois, aquele que estampa cangas, camisetas, canecas, almofadas, guarda-sóis... com a marca *Globo* está, mais uma vez, divulgando seu produto. E *for free*.

No que diz respeito às mídias sociais, o mesmo acontece. No Twitter, LinkedIn, Facebook ou Instagram, você achará algumas páginas, uma delas colocada no ar em maio de 2016 com o nome "Biscoito Globo – distribuição" e várias outras de fãs, nenhuma delas, porém, oficial, vinculada à empresa ou por ela mantida.

Há, no entanto, um www.biscoitoglobo.com.br, esse sim oficial, com informações interessantes sobre a empresa: um breve histórico, notícias veiculadas na mídia, informações sobre o produto, processos de produção e um link para contatos. A página é a mesma desde quando colocada no ar (pelo menos até o momento em que este livro está sendo escrito), sendo sua última atualização datada de 2005 – situação que já está sendo resolvida e por um motivo meio burlesco: após quase virar alvo de um processo por parte de um cliente indignado que insistiu em pagar os 35 centavos mencionados no site, em 2005, por um pacote de biscoito que em 2015 já custava um real, a administração da empresa achou por bem retirar informações de preços para evitar problemas futuros.

Não é só a ausência de propaganda da empresa, contudo, que intriga os profissionais de marketing, assim como não são só os profissionais de marketing que ficam intrigados com o tamanho do sucesso de uma empresa que infringe todas as leis da comunicação. Outro ponto que se mantém alvo de discussão em relação ao *Biscoito Globo* é a sua embalagem.

Criados em 1963 e tendo como inspiração o bonequinho-palito de "O bonequinho viu" rodeado por pontos turísticos de quatro países – França, Brasil, Itália e Portugal –, os desenhos da embalagem do *Biscoito Globo*, que carregam consigo uma atmosfera *naïf*, volta e meia causam alguma confusão.

Às vezes, em rodinhas de amigos, vê-se o Pão de Açúcar ser confundido com a proa de um navio ou com a ponta de um iceberg. Quanto à torre de Belém, o mesmo acontece, chegando ao ponto de haver sites de instituições midiáticas confiáveis tomando a torre de Belém pela torre de Londres ou até mesmo (viva a imaginação!) pela Muralha da China.

Segundo a empresa, vários telefonemas são recebidos da parte de estudantes universitários e designers se oferecendo para desenvolver uma nova embalagem para os biscoitos (até de graça). E há também aqueles que montam projetos de redesenho da logomarca por iniciativa própria, seja por estudo ou por puro prazer, sem nem pensar em oferecê-los à empresa. Feitos por profissionais, esses projetos vão desde desenhos que mantêm a atmosfera tradicional do produto até outras mais ousadas e competitivas, no estilo latinha.

O site de entretenimento Desencannes, criado em 2005 por gente fera e graúda do ramo da propaganda, há mais de uma década no ar, lançou, em 25/08/2005, o "1º concurso Desencannes" que tinha como alvo o *Biscoito Globo*.

Num briefing muito bem detalhado, deu inúmeras informações sobre o produto aos candidatos, deixando clara qual a sua missão: criar um conceito e uma campanha para o *Biscoito Globo*, dentro do "tom Desencannes", ou seja, os participantes deveriam criar uma "pérola" da propaganda. Para lembrar o que é uma pérola, acrescentaram: "Pérola é uma ideia muito boa, só que impublicável. Não chega nem ao atendimento, mas até o cliente acharia genial ou daria risada. Só que, para ser uma pérola, não pode ser ideia fraca. Essa não funciona em lugar nenhum."

As dez melhores pérolas seriam selecionadas, entrariam na linha top 10 do concurso e receberiam adesivos do site; as três melhores, além de tudo isso, fariam parte do portfólio do site e também poderiam concorrer no Festival Desencannes. O resultado, como esperado, foi o mais criativo e hilariante possível, apresentando desde cuspidas de farelo na cara do Maradona, a frases maliciosas do tipo "Todo carioca já comeu um paulista", "O polvilho metrossexual: está sempre fresquinho", até outras politicamente bem incorretas, como uma foto do estilista Clodovil acompanhada da frase *"Ai, que inveja"* para a legenda

"O mais comido do Rio"; e outra ainda, da saudosa Dercy Gonçalves com a legenda "Globo: há cinquenta anos, o segundo mais comido do Brasil".

Se, no entanto, conseguirmos deixar de lado o nosso ímpeto intervencionista, seja ele uma brincadeira ou não, e frearmos nosso instinto administrativo, com todo o sucesso que o *Biscoito Globo* faz junto aos cariocas, talvez a gestão e a veiculação da marca conduzidas pela empresa, e que tanto intrigam o mercado, estejam pra lá de certas, não precisem de reparos e muito menos de modificação.

Para sair de cima do muro, eliminar a dúvida incutida no *talvez* e, quem sabe, diminuir um pouco o afã daqueles que sonham em modernizar a marca, nada melhor do que ouvir a opinião de quem entende do riscado.

Angela Pedretti, jornalista, roteirista, produtora de telejornal, com ampla experiência adquirida na coordenadoria do Curso de Comunicação Social da Universidade Cândido Mendes em Nova Friburgo e consumidora do biscoito em suas idas constantes ao Rio, seja na praia ou nos engarrafamentos, ao começar a falar do produto, diz ver como natural sua imensa aceitação pelos cariocas. Para ela, o preço acessível e a praticidade de entrega na mão do consumidor, aliados ao benefício de ser um alimento saudável e higienicamente confiável numa cidade onde predomina o estilo descolado e a preocupação com a forma física, tornam o produto não só atraente como desejável.

Além disso, há ainda a tradição, a presença incessante de anos a fio de um produto que, desde sempre e com a mesma roupagem, pareceu ter sido "feito exclusivamente para você". Esses fatores, juntos, fazem com que os consumidores criem laços com a marca que também os alimenta com um sentimento de saudosismo. Não que a marca não possa se modernizar, se for esse o desejo da empresa, mas, se o fizer, que seja com extremo cuidado para não jogar por terra toda a questão da tradição.

Ricardo Leite, sócio fundador da agência Crama, responsável pelo desenvolvimento da marca Rio 450 Anos (aquele perfil feito com os números) volta no tempo para falar dos biscoitos e expressar a opinião de que seu sucesso vem muito mais da forma espontânea com que eles surgiram do que com um planejamento exaustivamente analisado.

Para início de conversa, o cerne de toda a questão tem a ver com a praia e com o que ela representa, sendo impossível desvincular o conjunto água, sol, amigos, areia, peteca e frescobol de grandes momentos de prazer. Aliado a esse prazer havia ainda o que se comia nesses momentos, desde lanches práticos e especiais que as mães levavam dentro de tupperwares protegidos do sol, até o que se conseguia na areia. "As opções não eram muitas", relembra Ricardo. "Eram as carrocinhas da Kibon e refrigerantes à venda no calçadão, e alguns pouquíssimos itens vendidos por ambulantes, entre eles, o mate de barril e o *Biscoito Globo*."

Desde a tenra idade, portanto, quando ainda se ia à praia levado pelos pais, o *Biscoito Globo* já estava lá. Era barato, levinho, e você não precisava queimar o pé na pedra portuguesa para ir buscar, pois estava ali, ao alcance da mão. A criançada ficava aguardando, ansiosa, o grito "Ó, o Globo!" e logo se agitava quando via o ambulante chegar, sem contar as inúmeras vezes em que saía correndo atrás dele.

"Biscoito Globo é uma marca construída na infância, icônica, o que faz com que seja parte de uma memória emocional. E uma memória emocional muito intensa", afirma Ricardo.

"Pensa levianamente aquele que acha que marcas representam produtos e que esses produtos têm posicionamentos meramente funcionais, que existem somente para atender a alguma necessidade pontual", continua ele. "Se esse raciocínio estivesse correto, se tomaria mate ou qualquer outro refrigerante para matar a sede e se comeria *Biscoito Globo* ou qualquer outro alimento para matar a fome. Mas não é assim que funciona."

Os produtos não são o que são, mas o que eles representam, e, por ser assim, preenchem espaços muito mais emocionais do que funcionais. Compramos este ou aquele carro, usamos esta ou aquela roupa, lemos esta ou aquela revista não somente para nos transportar, abrigar ou informar, mas para afirmar uma identidade. Em outras palavras, "produtos são como álibis", são imagens que dizem quem somos, que se expressam por nós.

O *Biscoito Globo*, em suma, por ter se propagado num ambiente de muito prazer, é uma das formas que o carioca tem de reviver esse ambiente. Como ilustração, Ricardo Leite faz um paralelo com uma grande marca que gasta milhões anualmente para tentar estabelecer conexões entre consumo e prazer:

"A Coca-Cola, por exemplo, fica o tempo todo dizendo que comemora os bons momentos da vida ao lado dos amigos e da família, para que o consumidor possa criar esse vínculo com ela. A empresa gasta milhões por ano para construir essa ideia, ao passo que o *Biscoito Globo* a construiu espontaneamente. O *Biscoito Globo* é uma *love mark*."

Quanto à embalagem, a opinião se repete. Qualquer possibilidade de troca precisaria ser analisada com muito cuidado. O *Biscoito Globo* tem uma embalagem bem resolvida, um "malfeito" bem-feito e que dá certo. Uma embalagem espontânea, intuitiva, feita por quem não é profissional, improvisada, mas bem-feita. Aliás, Ricardo enfatiza ainda, "não é preciso ser profissional para ser bem-feito. Há, hoje em dia, uma tendência a se achar que design tem que ser feito, obrigatoriamente, por designers, quando muitas empresas, mesmo aquelas que fabricam para as massas, tentam fazer o caminho contrário. Tentam levar frescor e aparência artesanal à sua marca, justamente para dar a impressão de que seu produto foi feito à mão, em casa."

Se houvesse uma mudança na cor, nas letras, no próprio logotipo, as pessoas passariam a não ver mais o que veem, e isso, de certa forma, se constituiria num bloqueio. "A cor, a tipografia, o logotipo, são atalhos mentais que utilizamos sem nem sequer racionalizar." No caso de uma mudança, até as pessoas internalizarem que a nova aparência pertence ao mesmo velho e bom produto, uma neura já teria sido instalada. "No máximo", conclui o publicitário, "caberia um redesenho, um leve ajuste, um melhor enquadramento dos elementos que já estão ali, para que não se perdesse o toque artesanal, ingênuo que dá uma atmosfera cult ao produto."

Cientes de tudo isso por conta dos anos de experiência e de uma sabedoria intuitiva de quem tem tino para os negócios, os donos da Panificação Mandarino nem sequer levam essas questões em consideração. Seguindo a velha máxima de que em time que está ganhando não se mexe, para eles, quase nada precisa ser modificado. Essa imagem que eles detêm de empresa tradicional, resistente a algumas modernidades, às vezes até meio sisuda, já virou marca registrada ou, nas palavras da própria gerência, seu próprio marketing: "*Biscoito Globo*, o biscoito que vende sem propaganda", ou seja, a grande propaganda do *Biscoito Globo* é não fazer propaganda.

Entre as poucas mudanças que a segunda geração Ponce e Torrão gostaria de fazer, está a troca de endereço, ou melhor, de espaço. Apesar de estabelecidos em um ponto central de excelente acesso para os ambulantes, a fábrica é pequena e sua divisão em andares, antiprodutiva. A empresa quer crescer e, no momento, tenta crescer dentro do seu espaço físico. No entanto, em algum momento isso não será mais possível e será preciso expandir a sede, ter a produção em linha contínua, sem andares, assim como tornar a fábrica mais bonita e com uma entrada ampla que possa atender as pessoas sem fila na calçada. Esse é o sonho dourado da Panificação Mandarino, e uma das poucas modificações que cabem numa empresa onde tudo já dá certo.

Curiosidades

O Matte Leão, antes de virar Coca-Cola, propôs uma parceria à fábrica do *Biscoito Globo*: uma propaganda casada. No copinho, o mate promoveria o biscoito; no pacote do biscoito seria promovido o mate.
Não rolou. "Infelizmente, não fazemos propaganda", respondeu a empresa.

Há alguns anos, a G.R.E.S. Unidos da Portela propôs à Panificação Mandarino a inserção de uma ala homenageando o *Biscoito Globo* durante os desfiles na Sapucaí, em troca da inserção de um quadradinho com uma chamada para a escola na embalagem dos biscoitos. Não rolou de novo. "Infelizmente, não fazemos propaganda."

Após a compra do Matte Leão pela Coca-Cola, foi a vez do *Biscoito Globo* ser alvo de uma proposta da multinacional. A cifra milionária, no entanto, não foi aceita por Milton e Francisco. E por três boas razões: 1ª) a relação deles com a fábrica sempre foi muito além de uma relação empresarial. A trajetória do *Biscoito Globo* mistura-se com a trajetória de vida de seus donos e com sua identidade: dois itens não passíveis de venda; 2ª) a proposta da multinacional exigia a permanência dos donos, que virariam empregados; 3ª) caso o *Biscoito Globo* fosse vendido para a Coca-Cola, centenas de ambulantes perderiam seus empregos e teriam dificuldades em sustentar suas famílias, coisa que Milton Ponce jamais deixaria acontecer.

Enquanto você se estressa nos engarrafamentos, os fabricantes do *Biscoito Globo*, assim como os vendedores ambulantes, sorriem de orelha a orelha: *Oba, o trânsito tá caótico, hoje vai vender bem!* Tristeza de uns, felicidade de outros.

Capítulo 13

Operação "Rosquinhas de Ouro"

Dia 29/01/2014. Foi uma operação digna de filmes de ação. Um grupo de mais de 20 fiscais com coletes pretos da Secretaria de Estado de Proteção e Defesa do Consumidor (Seprocon) bate à porta da empresa para a maior fiscalização que o *Biscoito Globo* já enfrentou em sua história. Motivo: uma denúncia de abuso de preço cobrado na praia por um ambulante: R$5,00 o pacote.

A despeito da justificativa da empresa de vender, na época, o saco de biscoito para os ambulantes ao preço de 90 centavos e de não ter como exercer qualquer tipo de controle sobre o preço final que eles são vendidos na areia, a fiscalização permaneceu implacável.

Nem uma caixa, nem uma única caixa ou saco plástico com embalagens de biscoito deixou de ser levantada, virada e revirada em busca de alguma irregularidade. Qualquer falha estaria valendo: prazo de validade vencido, ausência de informação nutricional, de ingredientes, algum sinal de umidade, peso líquido x peso bruto, qualquer erro de fabricação. Quanto ao estoque de matéria-prima, a mesma coisa: checagem geral. Validade, acondicionamento, procedência...

Resultado da checagem:

Higiene: impecável. Nem uma microbaratinha para contar história; rato, nem pensar. Paredes azulejadas e branquinhas. Tudo tinindo.

Uniforme: perfeito. Luvas, máscaras, toucas, botas, equipamentos de segurança. Tudo em excelentes condições.

Prazos de validade: todos os produtos dentro do prazo. Nenhum sinal de umidade. Tudo em dia.

Encantados e surpresos – coisa rara uma empresa como essa –, os agentes da Seprocon foram embora e, como resultado de sua investida, duas ações foram tomadas: 1ª) na praia: o preço do pacote passou a ser tabelado nas barracas fixas na areia. Dessa forma, esperou-se conter o abuso da parte de um e outro comerciante e dos próprios ambulantes. 2ª) junto à mídia: a notícia de que a fábrica passou com louvor na fiscalização e de que os cariocas podiam continuar consumindo seu produto tranquilamente foi veiculada em várias mídias impressas e virtuais tornando o biscoito mais amado do Rio de Janeiro num exemplo de excelência.

Segue a nota conclusiva da operação, publicada no site do Procon-RJ:

"Esse é um dos produtos mais consumidos do Rio, um ícone do estado. Por isso precisávamos saber de sua qualidade. E foi muito bom constatar que ele passou com louvor na fiscalização. O nome da Operação, 'Rosquinhas de Ouro', foi dado em função do preço que ele está sendo vendido hoje, mas também serve de adjetivo ao biscoito por ter passado sem problemas por nossa vistoria."

Capítulo 14
A concorrência

Mais uma vez, engarrafamento. A cidade que até poucos anos atrás fluía recebendo a brisa marítima, parece-se agora com a poluída e congestionada capital paulista. Não há muita coisa que se possa fazer em engarrafamentos para passar o tempo e aliviar o mau-humor. Entre as opções, ligar o rádio, tirar selfies em todas as posições (algumas inimagináveis), pôr um CD para tocar ou acionar qualquer outra mídia disponível. Para os mais precavidos, um bloquinho de palavras cruzadas é a grande saída ou até mesmo um livro para os mais letrados. Para todos, com raras exceções, um pacote de *Biscoito Globo*, que nunca tarda.

Então, dependendo de onde está, você faz sinal para o ambulante e pede um saquinho do biscoito. Paga automaticamente e, ao mesmo tempo em que entrega o dinheiro, aperta o pedal do acelerador porque o carro da frente resolveu andar. O troco, às vezes, acaba ficando com o rapaz.

Poucos metros adiante tudo para de novo, você pega o saquinho para começar a comer e aí leva um susto. A embalagem está branca e azul, não mais o branco e verde ou o branco e vermelho do seu velho conhecido. O desenho do Pão de Açúcar está ali, mas todo o resto é diferente. *Comprei gato por lebre*, pensa você. *Pedi Globo, levei Extra.*

Numa reação esperada de consumidor fiel, talvez você até vire para trás para ver se ainda acha o ambulante e reclamar o biscoito certo, mas, com a mesma velocidade que surge, o ambulante também some, misturando-se ao caos.

Ficam então sozinhos o Biscoito Extra e você. Na verdade, você vai traçá-lo, apesar da diferença, mas fidelidade é fidelidade, e essa será a primeira e última vez que você cairá nessa sem saber.

• • •

Há um parentesco entre o Biscoito Extra e o *Biscoito Globo*. Aliás, a receita veio de lá, de dentro da Panificação Mandarino, quando Basílio, amigo e ex-cunhado de Milton, que trabalhava no *Jornal do Commercio*, deixou o emprego e passou a ter uma pequena participação na sociedade dos Ponce e Torrão, no lugar do então sócio temporário já mencionado. Isso aconteceu em meados da década de 1960, logo depois que a Mandarino foi comprada.

Cinco anos mais tarde, com o know-how adquirido na fabricação dos biscoitos e julgando-se apto a montar uma fábrica para si, Basílio saiu da sociedade, entrando em seu lugar o pai, Sr. Augusto Soares.

Mas acontece que montar e administrar uma fábrica de biscoitos, além de não ser fácil, não é tarefa para se desempenhar sozinho. Ciente disso, o ex-cunhado buscou sócios. A primeira pessoa que lhe ocorreu foi, sem dúvida, o próprio Sr. Milton, a quem propôs 33% de participação em troca de assessoria na montagem e na fabricação.

A segunda pessoa foi o Sr. Germano, o sócio temporário a quem ele substituíra na Mandarino e a quem também ofereceu porcentagem igual, dividindo a sociedade numa quase dízima periódica, 33% para cada sócio, 34% para si.

Milton, que jamais gostou de perder um bom negócio, aceitou o convite, porém, em vez de ser ele o cotista, comprou as cotas para João. A empresa chamava-se Sortilege e fabricava biscoitos de mesmo nome. Após algum tempo, numa brincadeira com os jornais da cidade, trocou-se o nome fantasia para Extra. "Quem não lê ou come o *Globo*, lê ou come o *Extra*."

Para essa sociedade, que acabou não se estendendo por muito tempo, muitas coisas eram combinadas e casadas. A compra de matéria-prima, por exemplo, era feita em conjunto, rendendo uma boa redução no frete de ambos os lados. Quanto ao preço final de venda, havia também um acordo de se manter uma pequena diferença, ficando o Extra sempre um pouco mais em conta do que o *Globo*.

Dois a três anos depois, com Milton querendo a presença de João na Panificação Mandarino e o Sr. Basílio querendo a presença do pai na Sortilege Produtos Alimentícios, ocorreu uma reviravolta na sociedade: o sócio de lá passou para cá e o de cá para lá. No final da década de 1980, Adriana, filha de João, e Gabriel, filho de Basílio, começaram a namorar e casaram. E a concorrência segue amistosa, amigos-família-negócios-à--parte, cada um no seu quadrado.

Capítulo 15

Os ambulantes

"Ninguém entra nessa vida de ambulante por opção". É assim que começa a conversa com Denilson Guedes, o Bandeirinha, ambulante há mais de 30 anos na praia de Copacabana e há cinco exercendo uma espécie de liderança de um movimento de regulamentação dos profissionais itinerantes que atuam na areia.

"Num primeiro momento, o que leva alguém a vender na praia é a necessidade. A perda do emprego, a demora em encontrar outra posição", continua ele.

Embora Denilson não seja vendedor de *Biscoito Globo*, é impossível não citá-lo aqui, tamanha sua popularidade e importância para essa classe de trabalhadores.

Denilson Guedes nasceu em São Gonçalo, em 1962. Teve uma vida comum de menino até largar os estudos e começar a trabalhar. Seu primeiro emprego foi como boy de uma empresa de seguros, de onde saiu para prestar serviço militar no Pelotão de Serviços Especiais. Sem querer seguir carreira no Exército, despediu-se dos amigos recos e veio para o Rio de Janeiro atrás de um serviço. Aqui, trabalhou como vendedor de uma pequena indústria de sabonetes e essências de eucalipto.

Depois, como auxiliar de escritório de uma empresa de segurança. Após um tempo no escritório, como consequência de uma política econômica do país, acabou perdendo o emprego. O mesmo aconteceu com a irmã e o cunhado nas empresas em que atuavam. Aflitos, sem conseguir conceber a ideia de ficar sem trabalhar e com contas acumulando até o nariz, a irmã começou a fazer empadas para o marido vender na rua. Mas era carnaval, e a venda foi decepcionante: os foliões queriam beber e não comer empadas caseiras. O cunhado, então, sem poder desistir, resolveu tentar a praia, sempre cheia nessa época do ano. Começou pela praia do Flamengo.

Deu certo, o público era diferente do das ruas, e a venda foi um sucesso. Um sucesso tão bom que, no dia seguinte, ele voltou com mais empadas, e foi assim até o fim do feriado. Animados, os dois chamaram Denilson para se unir ao time e reforçar venda e produção.

Para não ficar restritas somente aos finais de semana, as empadas também seriam oferecidas no Centro da cidade para lojistas e funcionários dos escritórios, o que foi feito durante alguns meses e o que teria dado muito certo não fosse o fiado. Foi o *passa aqui para eu acertar no fim do mês* que fez a pequena família se cansar dos constantes calotes executivos e preferir ficar somente na areia.

A migração das areias da praia do Flamengo para as de Copacabana deu-se algum tempo depois. Com a inflação mensal na casa dos dois dígitos (a década era a de 1980), foi preciso buscar um bairro de poder aquisitivo um pouco mais alto, onde o preço das empadas não pesasse no bolso. Foi também por causa da inflação que os dois irmãos e o cunhado começaram a variar a produção e incrementar o cardápio, "até salada de frutas a gente vendia".

Quanto ao início das vendas, recorda Denilson, os primeiros dias de praia foram terríveis. "Eu era um tímido crônico e saía superenvergonhado para vender. Se as pessoas rissem por qualquer motivo, eu achava que elas estavam rindo de mim. Algumas até podiam estar, mas, por causa da minha timidez, era como se todas estivessem. Aí eu comecei a gritar bem alto, para vender: 'Olha a Empada!' Para mim, gritar era como devolver uma agressão que só eu via dentro da minha paranoia."

Com o tempo, Denilson superou a timidez, manteve alto o grito, casou-se, mudou-se para Barra de Guaratiba, teve um filho. Por causa da distância, desfez a sociedade com a irmã e começou a trabalhar sozinho. Descasou, casou de novo. Hoje, mora em Copacabana e continua a viver da praia, vendendo os salgados árabes do Restaurante Stambul. Com seu trabalho de ambulante, sempre teve condições de viver dignamente, sustentar a família, fazer reformas na casa, escolher onde morar.

Paralela a essa atividade e cada vez mais consciente do trabalho da classe, incentiva os companheiros a legalizar sua situação, promovendo mutirões em busca de licenciamento na prefeitura, mantendo uma página no Facebook (com transmissões ao vivo sobre a previsão do tempo) e um blog com o intuito de conceder informações úteis à população, além de promover o trabalho de alguns colegas, seja pelo tempo de profissão, seja pela dedicação no desempenho de suas funções.

Além de Denilson Guedes, o Bandeirinha, a excelência no trabalho de vendedor ambulante nas areias de Copacabana, entre outros nomes, atende pelo de Luis Soares da Silva, ou Ligeirinho.

Ligeirinho é vendedor de mate de barril e de *Biscoito Globo* em Copacabana. Ganhou esse apelido anos atrás, em alusão ao ratinho mexicano dos estúdios da Warner Bros (no original, Speedy Gonzales), pela velocidade com que até hoje percorre os cinco quilômetros de praia, de segunda a segunda, das 9:00 às 18:00.

Nasceu na Paraíba em 1969, numa cidade cujo nome, anos depois, mostrou-se profético: Areia. Membro de uma família numerosa – tem ao todo 14 irmãos –, saiu da Paraíba em 1984, aos 15 anos, com o intuito de ganhar dinheiro no Sudeste Maravilha e ajudar os pais a sustentar a prole. Trabalhou oito anos consecutivos no Rio de Janeiro, primeiro numa granja, depois como camelô e depois na construção civil. Ganhou algum dinheiro e voltou para a terra natal. "Queria voltar, ficar perto da família."

Lá, assim que chegou, conheceu Maria da Luz e, no espaço de três meses, casou-se com ela. Mal completou um ano de Paraíba, viu que precisaria voltar. A região não oferecia futuro, não adiantava insistir, ele queria começar a própria família, mas ali não havia jeito. Retornou ao Rio de Janeiro, ingressou novamente na construção civil, ora como eletricista, ora como bombeiro hidráulico, ora como ajudante de pedreiro. Teve duas filhas, Dayane e Rayane.

Um dia, num período de estiagem de trabalho, enquanto levava as filhas ao médico, passou pela praia, observou o movimento e achou que ali poderia haver uma opção de ganho. Voltou mais duas vezes e ficou de olho para ver como funcionava o lugar. Na terceira vez, ficou: começaria vendendo picolés. O ano era o de 1994.

"O início foi difícil", lembra Ligeirinho, "quem entra nesse ramo de praia entra meio envergonhado. Acha que está fazendo um trabalho menor."

Por conta da vergonha, a mercadoria não era bem trabalhada, não girava direito. Para piorar, havia ainda o castigo do sol e da areia quente, o peso dos produtos e a dor nas costas que vinha junto. "Mas eu nunca pensei em desistir. Mesmo não tendo onde deixar a mercadoria e voltando, às vezes, com quase toda ela pra casa, pegando dois ônibus mais o trem, eu não pensei em desistir."

E foi graças à sua insistência que as coisas começaram a melhorar. Trocando os picolés por produtos de maior giro, como água, refrigerante e *Biscoito Globo*, Ligeirinho foi conquistando clientes e fazendo amizades. Com o tempo, conseguiu um lugar próximo à praia para armazenar os produtos e, anos depois, começou a introduzir o mate em suas vendas.

A combinação mate & *Biscoito Globo*, para ele, não poderia ser melhor. Além de toda tradição e harmonização, enquanto os barris cheios de mate e limonada pesam mais de 15 quilos em cada ombro, o biscoito é leve feito pluma. E enquanto o mate paga as contas, o *Globo* dá o lucro.

O único inconveniente em relação aos biscoitos, diz ele, é o horário de atendimento, o ter que chegar de madrugada para entrar numa fila que, no verãozão, chega a acumular 500 ambulantes. Inconveniente, contudo, que ele compreende e apoia. Para o nosso Speedy Gonzales, a política de vendas da empresa é justa e inteligente. Um saco para cada ambulante garante o atendimento a todos e a qualidade do produto ao consumidor.

Chegando a Ipanema, um dos nomes mais populares de venda na areia é o de Marcelo Luiz, ou o Marcelo do Mate.

Marcelo é carioca, nasceu em 1973 e, assim que acabou o ensino médio, começou a trabalhar numa oficina mecânica para ajudar a família. Tinha 17 anos então, muito ânimo e cinco irmãs. Após uma década trabalhando como auxiliar de mecânico, acumulou ainda o cargo de vigia numa maternidade de Madureira, onde conheceu um colega que em pouco tempo o levaria a trabalhar na praia. "A situação era difícil, não dava para ter um emprego só."

Foi por intermédio do tal colega – ambulante de dia, segurança à noite – que ele foi apresentado ao dono de um depósito caseiro de mate em Honório Gurgel, detentor de diversos pares de barris, que lhe garantiu ser possível conseguir em três dias o rendimento mensal que ele recebia tanto da oficina, quanto do hospital. E isso só com os 50% de comissão.

Impressionado com a perspectiva, Marcelo pagou pra ver. Cauteloso apesar dos 23 anos, manteve o emprego que tinha com carteira assinada e trocou a oficina pela praia.

Se durante a semana, esvaziando todo santo dia um par de barris, não ganhava o salário da oficina em três dias, no fim de semana isso acontecia. Para aumentar o ganho e assegurar um extra... *Biscoito Globo* na mão.

Oito anos depois, capitalizado, conseguiu comprar o próprio par de barris e começar a trabalhar sozinho. Com o tempo, esse par se multiplicou e ele passou a ter uma equipe de vendas trabalhando para ele nos mesmos moldes em que começara revendendo o mate feito lá em Honório Gurgel.

"Em média", conta ele, "é um pacote de *Biscoito Globo* por dia e 100 copos de 300ml a cada par de barris, levados de trem e de ônibus até a praia." Nos finais de semana, quando a venda é maior, o transporte utilizado é o carro, pois nele é possível acondicionar os galões de água mineral e o gelo filtrado para reposição. "Há muito cuidado no preparo, no acondicionamento e na higiene", ressalta, e, mesmo que tenha clientes que, na brincadeira, peçam "me dá um copo desse sujão aí", Marcelo tem a confiança e a fidelidade de uma clientela conquistada ao longo de anos de serviço bem prestado. Mais que confiança, tem a amizade também.

Vítima de um incêndio em 2013, durante o qual perdeu a casa e todos os seus pertences, "fiquei só com a roupa do corpo", Marcelo do Mate emocionou-se ao saber que seus clientes de praia haviam começado uma campanha no Facebook para arrecadar doações. Como resultado, além de uma boa soma depositada em sua conta e da oferta de serviços gratuitos de advocacia, engenharia e atendimento médico, um cliente seu, dono de uma produtora de eventos, levou-o ainda a uma loja da rede Casas Bahia, para que escolhesse o que precisava – armário de cozinha, mesa e forno de micro-ondas. Seria um presente. Outra cliente lhe deu dinheiro para comprar um fogão; outra confeccionou uniformes para ele e seus parceiros vendedores. "Recebi muita ajuda", conta Marcelo.

Assim como Ligeirinho, Marcelo do Mate também faz eventos, no mínimo dois por mês, com pacote fechado. E, assim como Bandeirinha, tem também um diferencial que o torna facilmente identificável na areia, um chapéu feito de palha de coqueiro.

Já no asfalto, a rotina dos ambulantes é um pouco diferente. Almerindo de Assis, nascido em São Raimundo Nonato, Piauí, em 1955, trabalha desde 2006 como ambulante de asfalto, vendendo pipoca doce (aquela do saco cor-de-rosa), saquinhos de torresmo e *Biscoito Globo* para motoristas engarrafados na Linha Vermelha. Chegado ao Rio no final da década de 1980 com esposa e três filhos, desde então leva uma vida de muito esforço. Com as economias que trouxe, alugou uma casa na comunidade da Maré e começou a trabalhar como catador de plástico. Exerceu a profissão até 2005, quando foi hospitalizado com problemas alérgicos. Depois de recuperado e pronto para voltar à ativa, viu seus vizinhos vendendo biscoitos nos engarrafamentos e seguiu o exemplo.

"O que vende mais é esse aqui", disse apontando para o saco de... *Biscoito Globo*. "E do salgado. Quando querem doce, compram mais a pipoca."

Com os filhos adultos, seu Almerindo sustenta a casa com as vendas no asfalto. Continua com problemas respiratórios por causa da fumaça expelida pelos carros, sente as pernas cansadas e acha que não vai aguentar mais muito tempo trabalhando de pé. "Isso aqui é muito perigoso, tem carro que às vezes não vê a gente e quase passa por cima." Veste uma camisa rubro-negra como uniforme e vende, em média, um saco com 50 pacotes de *Biscoito Globo* por dia. Em geral, apesar de alguns quase atropelamentos, acha que os clientes são gentis, "já estão acostumados com a gente. Sabem que a gente é trabalhador e não vagabundo com canivete". Quando a hora do não aguento mais chegar, abrirá uma birosca na comunidade em que mora e continuará a vender as pipocas, o torresmo e o *Biscoito Globo*, acrescentando apenas os salgados da esposa.

Vida de ambulante, porém, não se resume apenas à venda de produtos e ao relacionamento com clientes. Grandes conhecedores das ruas, dos bairros, das praias e de toda sua dinâmica, a atuação desses profissionais mistura-se muitas vezes à de guias, salva-vidas e assistentes sociais, seja informando ruas ou auxiliando crianças e idosos que se perdem no mar de guarda-sóis.

FOTOS CEDIDAS POR LUIS SOARES DA SILVA

Marca Rio 450

Brasão da cidade do Rio de Janeiro

ACERVO MUSEU DA IMIGRAÇÃO DO ESTADO DE SÃO PAULO

Propaganda colocada nos portos, chamando os europeus para trabalhar no Brasil/Argentina

Navios saindo da Espanha

ACERVO MUSEU DA IMIGRAÇÃO DO ESTADO DE SÃO PAULO

Lista de passageiros expedida em 1913, com o nome de alguns integrantes da família Ponce Morales

Propaganda das antigas chuteiras Gaeta veiculada em jornais e revistas de esporte na década de 1960

Lista de passageiros expedida em 1912, com o nome de alguns integrantes da família Fernandes

Estação de trem de São Caetano, em 1955. Foto de Emílio Schoeps

CENTRO DE DOCUMENTAÇÃO HISTÓRICA DA FUNDAÇÃO PRÓ-MEMÓRIA DE SÃO CAETANO DO SUL

Primeira carteira de trabalho de Milton Ponce, aos 14 anos. Perceba que Milton, embora o sobrenome de seu pai seja Ponce Morales, foi registrado como Ponce Fernandes, sendo Fernandes, seu último nome, o sobrenome da mãe

Contratação como aprendiz pela Indústria de Calçados Luciano S/A, em 1953

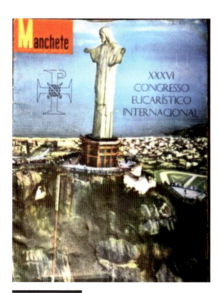

Capa da extinta revista *Manchete*, em 1955, cobrindo o 36º Congresso Eucarístico Internacional

Encarnação e Antonio, anos mais tarde, já avós

Foto do 36º Congresso Eucarístico Internacional – Praça do Congresso. Foto publicada na extinta revista *Manchete*, em 1955

Milton aos 20 anos, num dos raros momentos na praia

FONTE: GOOGLE MAPS

Antiga Padaria Industrial (sobrado rosado), onde hoje existe uma loja de decoração

Sr. Francisco Torrão com o filho e os netos

Milton e Célia em Minas, com Patrícia, no colo

Célia aos 15 anos, quando conheceu Milton

Milton, com a filha Kátia, do primeiro casamento, e Paloma, no colo

Família Ponce reunida

Vão da porta por onde passam os sacos de biscoito

Adriane, Alessandra e Andreia, filhas de João

SAMANTHA PONCE

Fachada da empresa na Rua do Senado

SAMANTHA PONCE

Quadros na recepção com fotos de reportagens de jornais e revistas sobre os biscoitos. A inglesa Nigela Lawson e a paulista Sabrina Sato aparecem com o *Biscoito Globo* na mão

Hildo Soares, funcionário aposentado que ingressou em 1958 na empresa

1

2

3

4

5

6

7

8

SAMANTHA PONCE (TODAS AS OITO FOTOS)

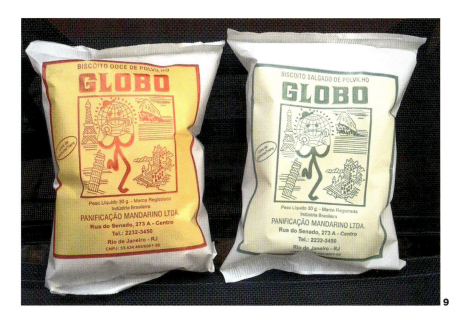

Processo produtivo dos biscoitos

1 Masseira, onde ocorre a mistura dos ingredientes e a preparação da massa

2 Pingadeira formando os anéis

3 Massa colocada em forma de anéis, prontos para ir ao forno

4 Forno em ação

5 Retirada dos carrinhos com as assadeiras

6 Wilian da Silva Torres, sorriso e dedicação à empresa desde 1983. Rosquinhas na caixa azul seguem para o segundo andar, para ser embaladas nas sacolas plásticas

7 Rosquinhas na máquina de embalagem plástica

8 Preparando para embalar

9 Biscoitos embalados nos pacotes plásticos

Embalagem de praia e asfalto

Primeira embalagem plástica. Transparente e com fechamento ainda manual

IMAGEM CEDIDA PELO POLVILHO ORIVALDO LTDA
Secagem do polvilho
Vista aérea do polvilho secando ao sol

Fila da madrugada
Fila que se forma durante a madrugada nos dois lados da porta de entrada e que dá volta no quarteirão durante os meses de janeiro e fevereiro

Recepção
Tão logo os ambulantes chamados são atendidos, outros se acomodam na recepção

Ana Beatriz Manier e Milton Ponce, rosquinhas saídas do forno às 6h da manhã

Milton Ponce, relembrando os tempos em que também vendeu biscoito na rua

JORNAL O GLOBO, 1996

Projeto de redesenho de logomarca para embalagem de praia.
Philippe Siqueira (diretor de arte) & Denis Poggian (redator)

Projeto de aplicação da logomarca para canga e guarda-sol.
Philippe Siqueira (diretor de arte) & Denis Poggian (redator)

Projeto de aplicação da logomarca para pacote de atacado, de Philippe Siqueira (diretor de arte) & Denis Poggian (redator)

Projeto de redesenho de logomarca para nova embalagem do *Biscoito Globo*, de Phillipe Brum. As latinhas seriam apropriadas para exportação

Projeto de redesenho de embalagens do *Biscoito Globo* pelas designers Karina Infante e Paloma Lima

1º Lugar
Criação e produção:
Raphael Quatrocci

2º Lugar
Criação e produção:
Manu Mazzaro

3º Lugar
Criação e produção:
Jorge Tadao Sato

Short List

Criação e produção:
Osvaldo Luna.

Criação e produção:
Kléber Souza
Produção:
Augusto Machado

Criação:
Robson Mendes, Danúbia Mendes, Bruno Santana

Primeiro Concurso Desencannes

Ligeirinho e seu uniforme azul de neoprene, e a Medalha Primeiro de Março

Marcelo do Mate, com seu tradicional chapéu feito de palha de coqueiro

Denilson e as bandeiras que o identificam e lhe renderam o apelido

A modelo e RP Glenda Ritterling:
"Praia sem *Biscoito Globo* não é praia."

Biscoito Globo?
Nem Tom Jobim resiste

Paloma Ponce: paixão pelo *Biscoito Globo* tatuada no braço

Roberta Ponce, filha de Jaime

Raphael Rochet e Eduardo Vasconcelos, trabalho de distribuição em Búzios

As duas gerações de sócios. Marcelo, Milton, Francisco Pai, Francisco Filho, Jaime, Renato e João (acima)

Criador e criatura juntos

No asfalto, as dúvidas dos motoristas se limitam às entradas e saídas de vias e à razão dos engarrafamentos, ao que os ambulantes tentam responder com exatidão. Na praia, quando veem crianças perdidas na areia – o que é muito comum por causa da corrente marítima que vai afastando o banhista do ponto em que originalmente se encontrava –, os ambulantes normalmente as conduzem aos bombeiros de plantão ou a um posto da Guarda Municipal, e vão fazendo um verdadeiro telefone sem fio pela areia. Uma corrente do bem que quase sempre dá certo, pois os responsáveis, nervosos, são facilmente identificáveis.

Quanto a vítimas de afogamento, muitas vezes os ambulantes também conseguem atuar. O próprio Ligeirinho, acostumado a nadar com a turma do Corpo de Bombeiros, já conseguiu resgatar alguns banhistas em apuros antes da chegada do socorro.

Embora a maioria dos profissionais liberais do comércio de praia e de asfalto compartilhe histórias semelhantes de seriedade em seu ofício, há também aqueles que não fazem de sua experiência um trabalho sustentável. São em número expressivo ainda os ambulantes sem licença da prefeitura e alheios a um código de ética que os veteranos lutam para estabelecer e manter. Postura que dificulta o fim de um preconceito que ainda rola por aí.

Sim, há um preconceito em relação aos trabalhadores a tiracolo, dizem quase todos os entrevistados, e por isso o constrangimento e a timidez iniciais narrados por boa parte deles. Para a sociedade, as pessoas que estão trabalhando nas ruas são, em geral, um bando de incapazes, de índole duvidosa, que não conseguiram nada melhor. Às vezes, o preconceito está tão cristalizado que o cliente já olha para o ambulante com distância, achando que ele é explorador e oportunista.

Para lidar internamente com essa situação, cada um arruma um jeito, o próprio jeito; mas, para desconstruir essa imagem na cabeça do cliente, algumas posturas, segundo eles, ajudam e são recomendáveis:

- *Legalização. É importante andar com a licença em dia.
  Ela dá dignidade ao trabalhador.*
- *Rigidez com o asseio. O que quer dizer barba sempre feita,
  cabelos bem cortados, unhas aparadas e limpas.*
- *Vestimenta. É primordial usar roupas adequadas, bem lavadas
  e passadas. Para o ambulante, praia e asfalto não são lugares de
  curtição, mas ambiente de trabalho. E para todo trabalho há
  roupas que devem ou não ser usadas.*
- *Cuidados com a pele e a saúde. Para amenizar os efeitos do sol
  sobre o corpo e não ficar parecendo A Coisa – aquele herói craquelê
  suscetível a raios cósmicos –, banhos de protetor solar e muita
  água para hidratação. "Pegamos temperatura de até 50 graus
  no solaço do verão. Se você não se proteger, não aguenta e fica
  com uma aparência horrível", dizem eles.*
- *Abordagem. É preciso saber chegar ao cliente, ser gentil.
  Ser despojado e brincalhão, saber falar bem o português e
  modelar a voz.*
- *Postura. É preciso ser correto. Ser carioca cheio de gíria e de ginga
  não é sinônimo de malandragem. Os produtos devem estar sempre
  frescos, dentro da data de validade, e ser estocados e manuseados
  com higiene.*

- *É também preciso saber se impor. Quando o/a cliente aborda o ambulante com desrespeito, piadinhas ou cantadas de mau gosto, ou ainda tenta lhe dar o calote, o ideal é deixá-lo falando sozinho e dar o produto como brinde. "Essa é a melhor das punições. O cliente fica com cara de tacho." Embora raros, quando seres dessa lamentável natureza emergem do asfalto ou das areias da praia, o melhor é deixá-los no vácuo.*
- *Construção do nome. Ficar conhecido pelo bom produto e pelo bom atendimento é tudo de que o ambulante da praia precisa. Nada mais prazeroso do que aquele cliente que aguenta a fome e a sede até seu vendedor predileto passar.*
- *Diferencial. Para facilitar a identificação no meio de tanta gente, é importante ter algum diferencial, uma "marca registrada", seja um uniforme, um emblema, um slogan, um chapéu...*

Curiosidades

Salgado ou doce? Qual vende mais? O *Biscoito Globo* e seus ambulantes informam: 70% das vendas são de biscoito salgado e 30% de doce.

Ainda sobre o mate - 1: até meados de 2009, quando então teve sua venda por galão temporariamente proibida na praia por conta de irregularidades em sua produção, o famoso mate praiano era distribuído aos ambulantes por intermediários. O negócio funcionava mais ou menos assim: esses intermediários – depósitos em pontos estratégicos de fácil acesso à praia – compravam um xarope concentrado de mate (que podia ou não ser da marca Leão), diluíam esse xarope em água e abasteciam os galões que emprestavam aos ambulantes junto com uniformes com a marca Leão. Como garantia, recolhiam a carteira de identidade de alguns vendedores.

Ao final do dia, os ambulantes prestavam conta do total da capacidade dos galões (uma média de 100 a 120 copos), devolviam-nos junto com o uniforme, recuperavam a carteira de identidade e começavam tudo de novo no dia seguinte. Com a proibição da venda do mate em barril por causa de uma denúncia de que alguns ambulantes, por conta própria, estariam diluindo ainda mais o mate com água da bica (água de mangueiras de jardim e de torneiras de postos de gasolina), os depósitos começaram a fechar e os ambulantes a ficar sem produto para vender. Aqueles que mantiveram os barris e os uniformes passaram a produzir o próprio mate e continuaram a vendê-lo na areia, mesmo no black, alterando o grito para: "Olha o proibidão!"

Ainda sobre o mate - 2: na época da existência dos depósitos de distribuição de mate, uma parte dos vendedores ambulantes se constituía de ex-presidiários. Enfrentando dificuldades em se reinserir no mercado, essa era uma das profissões que eles conseguiam exercer.

Capítulo 16
O consumidor

Traçar o perfil de profissionais de uma área específica de atuação não é das coisas mais difíceis. Guardadas as diferenças, são muitos os pontos em comum identificáveis na personalidade e na história de pessoas que acabam atuando num mesmo segmento.

Traçar o perfil de consumidores, igualmente longe de ser difícil hoje em dia, é também um dos segredos de sucesso de qualquer empresa. Por isso tantas análises mercadológicas que permitem a segmentação e o importante direcionamento de ações. Para cada gênero, idade, região, interesse; ou ainda, para cada credo, raça, orientação sexual, nível educacional, saldo bancário, entre outras tantas variantes, há uma estratégia diferente. Mas até aí nenhuma novidade: marketing elementar.

Traçar o perfil dos consumidores do *Biscoito Globo*, no entanto, é quase impossível. E desnecessário. Sem contraindicações, com uma distribuição ímpar e uma materialização fantástica – você pensa "ai que vontade de comer um *Biscoito Globo*", e um pacote meio que cai no seu colo –, ele é indicado para o consumo do bebê que engatinha ao idoso, de todos os pontos (ou zonas) cardeais, sem distinção de praticamente nada, exceto estar mais longe ou mais próximo do Rio de Janeiro.

Aos seus amados consumidores em totalidade e abrangência nacional, os fabricantes do *Biscoito Globo* só têm a expressar respeito e gratidão. Ao *Biscoito Globo*, os consumidores cariocas têm algumas palavras a dizer:

"O *Biscoito Globo* é como o vento. Traz histórias de alegria e folguedo (palavra engraçada, mas que me veio agora), e desmancha na boca com um barulhinho leve, o gostinho equilibrado do doce com o salgado e a sensação de estar sendo sapeca. Biscoito de vento, gostinho de sol, de parque e de amizade. Todo mundo reparte o *Biscoito Globo*. Repartir é dar aula de amor. Viva o *Biscoito Globo*."
Jane Duboc, cantora (carioca da gema)

"Minha vó já dizia: 'Tudo que é bom, verdadeiro e bem-feito resiste ao tempo.' E mais uma vez tenho que dar razão a ela. O *Biscoito Globo* está à venda há tantos anos que só confirma o que ela me disse. Na infância, toda vez que eu ia à praia com meus pais, lá estavam os vendedores oferecendo o biscoito. Na adolescência, vindo de ônibus do Colégio Pedro II, sempre tinha um vendedor ambulante, e o que ele trazia? Acertou quem disse *Biscoito Globo*. E como era gostoso viajar comendo o biscoito e pensando na vida! Na juventude, na Faculdade de História da UFRJ, era o bom e velho *Globo* que me salvava das fomes repentinas. Dizer que esse biscoito foi pra mim um amigo? Nada disso. Vou além: passou a ser da família. Quem mais pode nos acompanhar pela vida afora senão a família? Que o *Biscoito Globo* dure, então, muitos e muitos anos. Porque só mesmo o que é bem-feito e bom pode durar tanto. Valeu, vovó, pelo ensinamento. Valeu, *Biscoito Globo*, por todo esse tempo!"
Marcelo Mourão, professor e poeta (carioca da gema)

"O *Biscoito Globo* surgiu junto com o tatuí. Só que o tatuí desapareceu. O *Biscoito Globo* não."
Ziraldo, *cartunista/escritor (mineiro, carioca por adoção)*

"Mermão, uma vez engasguei com o *Biscoito Globo*, e a minha tosse foi que nem uma tempestade de areia. Também, quem mandou enfiar um monte de biscoito na boca de uma vez? Hahaha. Como pra caramba!"
Paulo Miranda, *jornaleiro (carioca da gema)*

"'Salgado e doce é o biscoito, olhaí!' Desde garoto, na praia de Ipanema, esse grito era mortal. A garotada saía da água e se atracava no saco de biscoito. E com a boca roxa de frio deitava e rolava com a barriga na areia quente, perto das quadras de vôlei. Ali dividiam o biscoito que rolava redondo e risonho na boca da galera que mastigava observando as moças de biquíni. Eu preferia o doce, mas se não tivesse, o de sal também caía bem e descia legal!"
Evandro Mesquita, *ator e cantor (carioca da gema)*

"Muitas são as lembranças das tardes de praia com o *Biscoito Globo*, sempre crocantinho e delicioso. Quando um amigo da Costa Rica veio ao Rio pela primeira vez, eu lhe disse pra não deixar de provar aquele biscoito que vendiam na areia. Bastava esperar o famoso anúncio do ambulante e ele logo ia saber qual era: 'Olha o *Biscoito Globo*!', eu cantei pra ele. Dias depois ele me contou que, assim que chegou à praia e ouviu o ambulante, lembrou na hora e comprou o biscoito. Até hoje, quando nos encontramos, ele canta: *Olha o* Biscoito Globo *aí!*"
Ruth Alencar Castro, *advogada (carioca da gema)*

"Mal tirava a cabeça da água e outra parede verde já subia, sempre! Longe demais pra chegar a tempo e perto demais pra fugir. Entre corrida pelo chão que fugia e braçadas pela água que adensava, a luta pela vida. Com sorte – estranhamente frequente –, a redenção: irmanada a outra dúzia de corpos era erguida com força primeva e transposta para o outro lado – sobrevivida.
(Pelo tempo que leva uma chicotada, compúnhamos uma faixa verde translúcida salpicada de silhuetas esperneantes e desalinhadas.)
(Ou ainda: pedacinhos de maçã cravados em gelatina, para quem conhece.)
O esporte de quase morrer durava quatro, seis horas por dia, aos sábados e domingos, em Ipanema, no início dos anos 70.
Vidas salvas, areia quente. O mar pra lá, encapetado e ruidoso: leão banguela atrás das grades. (Naquele tempo não havia tsunamis. O pior que dava era *Jawsss*...)
Mate limão do galão; *Biscoito Globo* sal – a refeição dos fortes."
Elena Soares, *roteirista (carioca da gema)*

"Cinco da tarde: engarrafamento na Linha Amarela. Após um dia inteiro de reuniões, sem almoço, procuro desesperadamente um ambulante. Ele aparece, peço um saquinho de *Biscoito Globo*. Ele oferece dois por cinco. *Vou comer um e levar o outro para minha filha*, penso.
Como o primeiro pacote. Continuo engarrafado. Como o segundo.
Sete da manhã do dia seguinte: levo minha filha ao colégio.
Ela entra no carro, olha os farelos espalhados pelo chão:
'Pô, pai, comprou Biscoito Globo e não trouxe nenhum pra mim!'"
Isaias Freire, *economista/empresário (friburguense, carioca por paixão)*

"Sempre consumi o *Biscoito Globo* que é de polvilho torradinho. Antes só no pacote de papel, hoje já se modernizou com a embalagem plástica, mas sem perder a sua famosa logo que inspirou cangas e toalhas de praia e outros objetos. O *Biscoito Globo* é e será sempre eterno como a Garota de Ipanema. Será não a minha, mas a nossa história.
Parabéns por tantos anos fazendo sucesso. Viva o *Globo*!
Beijos sabor polvilho."
Helô Pinheiro, *a eterna Garota de Ipanema, empresária (carioca da gema)*

"Todo carioca que se preza gosta de *Biscoito Globo*. É a cara da cidade. Um patrimônio cultural e gastronômico. Mas se enganam aqueles que acham que existe unanimidade quanto ao sabor desse biscoito. Que nada! E por isso estou aqui para levantar uma bandeira política e incômoda, porém necessária. É preciso romper os obstáculos do preconceito.
Sim, estou falando dos adoradores do biscoito doce.
Nós, que preferimos a versão levemente adocicada do polvilho, somos discriminados nesta sociedade.
'Não é *Globo* de verdade se não for salgado', bradam os intolerantes. Uma tristeza. Meu coração se esfarela toda vez que sofro esse tipo de bullying. Mas logo se enche de alegria (e uma pitada de vingança, admito) quando o vendedor aparece na praia e anuncia que 'só tem o doce porque o salgado acabou, meu irmão!'. Mais vale um doce na mão do que dois mil salgados voando. Mas agora, o mais importante: doce ou salgado, é biscoito, não é bolacha. Sou carioca que me prezo."
Rodrigo Salomão, *jornalista e escritor (carioca da gema)*

"Adoro o *Biscoito Globo*. Ele já faz parte da nossa cultura, por isso tomamos a iniciativa de tombá-lo como bem imaterial da cidade. O *Biscoito Globo* é o símbolo de nossa carioquice e personagem importante que se tornou referência em nossas praias, fazendo parte do nosso imaginário cultural. No Rio, a gente gosta de ir à praia, encontrar amigos e comer biscoito de polvilho com mate.
Uma combinação perfeita."
Eduardo Paes, *ex-prefeito do Rio de Janeiro (carioca da gema)*

"Dizem que o visual do Rio de Janeiro facilita muito você enfrentar o trânsito pesado. Isso é mito... o que facilita mesmo é o *Biscoito Globo*! #amoreterno#doce#salgado#nãoseiqualomelhor."
Luiz Amaral, *relações públicas (carioca da gema)*

"Morar no subúrbio tem suas vantagens, mas também tem seus (muitos) perrengues. Um deles, por exemplo, é ir à praia. Quando eu era garoto e morava na Penha, ir à praia era uma tremenda aventura. A começar por sair de casa, que significava termos (nós e o resto da garotada) que sair descalços de casa para imitar os moradores de lá da Zona Sul, que moravam perto da praia e, por isso, não levavam chinelos. Acontece que nossos pés queimavam feito churrasco na laje, naquelas churrasqueiras de tijolo.
A gente não costumava levar muita coisa, só camisa, bermuda e pouquíssimo dinheiro dentro da sunga – o suficiente para comprar um mate e um pacote de *Biscoito Glob*o, que para mim tinha que ser o doce. Por isso esse biscoito até hoje me traz lembranças afetivas muito grandes. O sabor doce do polvilho me remete às fases mais gostosas da juventude,

época em que as relações ainda não eram virtuais, mas feitas cara a cara, téte-a-téte, olho no olho. Não existiam as redes sociais, as amizades eram verdadeiras, o mundo ainda não era globalizado. Saudades daqueles tempos, do sabor doce do polvilho, do velho e bom *Biscoito Globo* comido na praia."

Nando Cunha, *ator (carioca da gema)*

"O backdrop da nossa festa inclui uma cadeira de praia. Ali a gente coloca tudo o que tem a cara do Rio: Havaianas, *Biscoito Globo*, Matte Leão. Como a galera adora o biscoito, a gente pede ao rapaz que distribui para ele aparecer aos poucos, de meia em meia hora, pra eles durarem um pouco mais e não acabar tudo de uma vez."

Marcello Toth e Felipe Palermo, *produtores de eventos (cariocas da gema)*

"Um dia, uma noite,
Eu como *Biscoito Globo*.
Na hora do jantar, já que não sou bobo,
como *Biscoito Globo*.
Na praia, ao luar, ouvindo o lobo uivar,
como *Biscoito Globo*.
Numa viagem grande
eu levo na mala só *Biscoito Globo*.
Doce ou salgado,
é sempre crocante o meu *Biscoito Globo*.
Ah! Como eu amo *Biscoito Globo*!"

Alice Barbosa, *oito anos, estudante (carioca da gema)*

"'O que sobra depois que comemos o *Biscoito?*', perguntava meu
pai na praia, quando eu e minha irmã éramos crianças. 'O buraco',
ele respondia, rindo da própria piada. Mais de 30 anos se passaram,
e agora somos nós que fazemos a mesma pergunta para os nossos
filhos. O *Biscoito Globo* é para o Rio o que o Carnaval é para o Brasil.
Faz parte da nossa cultura, dos nossos momentos na praia,
no trânsito, nas festinhas infantis. Na vida do carioca há mais de
50 anos, doce ou salgado, não tem quem não goste."
Cynthia Howlett, *jornalista/apresentadora de tevê (carioca da gema)*

"Éramos todos moradores da Tijuca, me lembro como se fosse hoje,
morávamos em frente ao Colégio Militar. Saíamos bem cedinho,
pegávamos o 222, o ônibus vermelhinho, e íamos em direção
à Ipanema, Posto 9. Saltávamos e... praia! Ir à praia era de graça,
e era todo mundo duro. Um dia, numa tarde daquelas, eu estava com
uma fome danada e o cara do biscoito já tinha passado com aquela
sacolona de plástico. Estava lá longe. Nem pensei direito e saí em
disparada atrás dele. Na corrida, sem querer, joguei areia numa madame
de Ipanema. Foi um inferno. A mulher fez um barraco danado,
me chamou de suburbano e fez o maior escândalo. Eu, que era um
moleque gente boa, fiquei cheio de culpa e vergonha.
Quando alcancei o ambulante, mesmo duro, pechinchei e
comprei dois pacotinhos de biscoito. Então voltei correndo,
prestando atenção para encontrar a madame. Quando a vi
deitada na areia, joguei um pacote pra ela e, crente que
estava abafando, gritei: 'Ó, o que o suburbano come, ó!'"
Denis Frauches, *chef de cozinha (mineiro, carioca por adoção)*

"Você sabe que eu sou do Norte, né? E moro no Rio desde 1984, quando tinha 16 anos. Lá no Norte, minha avó fazia esses biscoitos de polvilho, só que eles não eram leves iguais aos daqui, não. Quando cheguei aqui no Rio (e nem sonhava trabalhar com cozinha), eu me perguntei 'Como é que eles conseguem fazer um biscoito tão leve assim?' Depois, com o tempo, quando comecei a trabalhar com o Claude, falei para a gente incluir o biscoito de polvilho no nosso cardápio. Hoje, a gente faz o biscoito temperado, com pimenta, com queijo... E se tirar do cardápio, os clientes pedem de volta. *Biscoito Globo*? Ah, é muito bom! Quando eu vou à praia com minha namorada, e eu gosto de ir às praias mais afastadas, compro logo uns cinco pra ir comendo dentro do carro. E pra não dar muito farelo, uso uma técnica: enfio ele todo dentro da boca de uma vez só!"
Batista, *sous-chef de cozinha (carioca por adoção)*

"Falar do *Biscoito Globo* é relembrar minha infância e adolescência, uma vida toda de praia e raquete. Eu saía do Posto 5, corria pela areia fofa até o Leme, voltava, dava um mergulho daqueles, e pronto: lá estava um ambulante de *Biscoito Globo* me aguardando com um saquinho de biscoito doce, para me nutrir e me permitir continuar na praia – sim, eu vivia ali, eu e minhas irmãs. Nós, naquela época, tínhamos até conta com alguns ambulantes que chegavam a saber onde a gente morava – era só atravessar a Atlântica, e pronto, estávamos na areia, já com a rede de vôlei armada, dupla de raquetes e uma bela manhã de sol. E eu vou dizer uma coisa: falar do Rio de Janeiro e não mencionar o *Biscoito Globo* é desconhecer o que há de melhor nas praias. Se eles mudaram desde então? Bem, agora eles também têm uma embalagem de plástico, mas ELE, o meu *Biscoito Globo*, o doce, continua crocante dentro do saquinho

de papel, soltinho e com aqueles farelos deliciosos que até hoje caem pela minha blusa, como exatamente há 30, 40, 50 anos..."
Suzane Ludwig, *maratonista (carioca da gema)*

"*Biscoito Globo*? Eu amo! Compro uma caixa a cada duas semanas. Não pode faltar na minha casa."
Juliana Veloso, *atleta de saltos ornamentais (carioca da gema)*

"O ritual de todos os dias incluía acordar, vencer a preguiça, arrumar a mochila com livros e cadernos, vestir o uniforme do Pedro II e vencer o trânsito de Laranjeiras a Botafogo, a tempo de pegar a primeira aula.
Mas de vez em quando, quando acontecia de a turma combinar de não ir à escola, a mudança se dava logo no início do processo: os livros e cadernos eram substituídos por biquíni, chinelos, estojo de maquiagem, fitas de videogame ou qualquer outra peça-chave para a aventura da vez.
A aventura daquele dia era ir para a Barra, o que queria dizer a minha primeira vez na Zona Oeste sem a companhia de papai e mamãe.
Eu, a única menina entre seis matadores de aula.
Para o ônibus, a carteirinha do colégio bastava. Lá dentro, quando vi a praia pela janela do lado esquerdo, meu coração bateu acelerado: um misto de excitação e remorso por estar tão longe do que deveria ser o meu destino.
Entramos no Bob's para trocar de roupa. O dinheiro para o lanche da cantina da escola não pagava sanduíche e refrigerante, pelo menos em redes de fast-food. Sem a saia plissada e o emblema espetado na camisa, eu era só mais uma banhista, mesmo que ainda culpada e imaginando as aulas perdidas a cada olhada no relógio.

Pisar na areia, porém, me fez esquecer as matérias. A brisa cheirava a mar, o sol estava morno, as companhias eram excelentes, e lá vinha o ambulante trazendo *Biscoito Globo*. Sim, matar aula dá fome. Juntamos nossos trocados, todos eles, para comprar o máximo que o dinheiro pudesse pagar. Pacotes e pacotes verdinhos e vermelhinhos, salgados e doces. Salvamos uns trocados para o mate.
O banho de mar foi revigorante, o biscoito tinha gosto de liberdade. Ao voltar para casa, salgada e ligeiramente bronzeada, me senti dois palmos mais alta do que quando saí. Ainda hoje me sinto assim quando vou à praia. Ainda hoje o barulhinho do *Biscoito Globo* estalando entre meus dentes traz de volta a sensação de liberdade e rebeldia daquele dia. De lá pra cá, quanta coisa mudou. Fico bem feliz em saber que ele, o biscoito, continua o mesmo."

Priscilla Franco, *analista de mídias sociais (carioca da gema)*

"Depois de mais de 40 anos de fidelidade ao biscoito salgado, comprei um pacotinho do doce num engarrafamento. Segurei o pacote, analisei a embalagem: tudo igual, só mudava a cor. Mentalmente, pedi desculpa ao biscoito salgado (ok, sei que isso parece neurose, mas não é) e, com muita cautela, provei o doce. Quer saber? Gostei. Muito até. Mas não troco: "Vai um *Globo* aí?" "Vai sim. Salgado, por favor!"

Ana Beatriz Manier, *tradutora e escritora (niteroiense/friburguense, carioca por adoção)*

"Às vezes me pego pensando como ainda posso comer *Biscoito Globo*, quando ele faz parte da minha vida desde que nasci. Acho que a resposta é simples: como porque sou fã. Porque amo o produto, porque percebo a qualidade e a simplicidade dele, assim como a maioria dos cariocas. Compro na praia, no Maraca, no engarrafamento.

Isso é mais forte do que eu.

Você que compra o biscoito, já teve tempo de conversar dois minutos com algum vendedor? Não? Uma pena.

Garanto que vai ter uma boa experiência. Esses caras entendem a alma carioca como ninguém. Acho que talvez seja essa uma das razões do sucesso do *Biscoito*: um produto que é fabricado com amor por uma família muito unida, distribuído por pessoas batalhadoras, cheias de história para contar, e consumido por gente que se encanta com a Cidade Maravilhosa e com sua identidade."

Paloma Ponce, *turismóloga (mineira, carioca por adoção)*

"Criado a duas quadras da praia de Copacabana, sempre rodeado de amigos da turma da Constante Ramos, tenho lembranças muito vivas de como era gostoso dar um mergulho na água, tomar um mate com limão e saborear um *Biscoito Globo* fresquinho depois de uma partida de frescobol. Esses momentos foram inesquecíveis e fazem parte das minhas lembranças mais felizes... Hoje tento repetir tudo isso com minha filha, que, assim como o pai, adora desfrutar da praia, do mate e do biscoito que ainda estão sempre lá."

José Zagury Aflalo, *representante comercial (carioca da gema)*

"Eu comia muito *Biscoito Globo* na infância e colocava a rodelinha no dedo, para fingir que era uma aliança. Aí eu brincava que era uma princesa e estava à espera de um príncipe que iria comer o biscoito

do dedo. Depois ficava toda suja de farelo e ia para o mar me limpar.
Comia sempre uma rodela do doce e outra do salgado."
Carolina Estrella, *escritora (niteroiense, carioca por paixão)*

"Deus, quando me escolheu para ser carioca, não foi por acaso.
Adoro o mar, me deitar na areia, me bronzear, e amo de paixão
o som do ambulante gritando: Olha o *Biscoito Globo*!"
Leda Lucia, *atriz (carioca da gema)*

"Assim que a Ana me sugeriu o projeto desta *biografia*, e que eu disse SIM
antes mesmo dela terminar a frase, me veio um pensamento estranho.
Uma curiosidade insuportável, curiosidade de fã. De fã do doce.
Então, ali na hora, perguntei com medo de saber a resposta:
'Qual é o preferido do público?'. Eu poderia jurar que 90% concordariam
comigo. Só que não! E agora lendo as provas e os depoimentos –
acho que temos mais fãs do doce aqui nesta parte –, confesso que
continuo cabreiro com a vitória do salgado."
Rafael Goldkorn, *editor (carioca da gema)*

"Porque, entre a infância e os anos mais recentes, passei muito tempo
sem comer *Biscoito Globo*, quando o faço é sempre uma viagem à minha
meninice: praia no Posto 6 de Copacabana às 9h da manhã, antes de
correr para o colégio, aquela consistência e sabor salgadinho (jamais o
doce!), muitas vezes de primeira refeição, logo depois do mergulho,
mão na mão da babá. Fui a mais enjoada das crianças para alimentar,
cardápio restritíssimo, e o *Biscoito Globo* entrou como produto básico
de minha dieta. Sobrevivi bem."
Luciana Villas-Boas, *jornalista e agente literária (carioca da gema)*

"Era a primeira vez que minha prima francesa, Flavie, vinha ao Rio. Nas praias da cidade, ela adorou os gritos dos vendedores: 'Olha o mate! Olha o limão!', '*Biscoito Globo*!!!'... Ficou muito tempo repetindo aquilo, com seu sotaque francês... Queria contar para as amigas algo tão pitoresco... No dia do embarque de volta a Paris, perguntei se ela tinha decorado realmente aqueles gritos. Flavie me respondeu que só se lembrava de um e soltou o vozeirão, no meio do saguão do aeroporto, exatamente como ela tinha ouvido: 'Bixxxxxcoito Groobo!!!'."

Luís Ernesto Lacombe, *jornalista (carioca da gema)*

"Quando criança na praia, ou passando pelo Maracanã – ah, o antigo Maracanã –, meu velho pai, pra dar sorte e garantir a vitória, sempre comprava *Globo*, sal pra mim e doce pra ele. Mais do que um biscoito apenas, o *Globo* representa bons momentos e ótimas recordações. Representa nosso jeito Carioca de ser."

Leonardo Botto, *cervejeiro artesanal (carioca da gema)*

"Década de 1950: nascia em São Paulo o biscoito mais carioca da cidade do Rio de Janeiro. No Rio, desde que chegou aqui, nossas praias nunca mais foram as mesmas, e ele virou o mais carioca dos paulistanos. Hoje, já na terceira idade, nossa torcida é para que o *Biscoito Globo* tenha vida longa e esteja sempre conosco, até porque, em se tratando de Cultura, sua presença é parte integrante dela."

Renata Costa, *Coordenadora de Acervos da Superintendência da Leitura e do Conhecimento da Secretaria de Estado de Cultura – RJ (carioca da gema)*

Quanto aos visitantes estrangeiros na cidade do Rio de Janeiro, muitas vezes capturados pelas câmeras de jornais e revistas com um pacote de *Biscoito Globo* na mão, o que os leva a consumi-lo?

Além da indicação de agentes e dos próprios hotéis que se referem ao biscoito como aquilo que você não pode deixar de comer enquanto estiver no Rio – or *A snack you just can't miss while in Rio* –, a própria RIOTUR, sempre marcante em eventos de grande expressão que contam com a presença de estrangeiros, como Rio Fashion Week e Fifa Fan Fest, tem em seus postos de atendimento produtos cariocas que por si só falam da cidade. Também os grandes patrocinadores do carnaval, como a Ambev, lotam os camarotes da Sapucaí com suas marcas de cerveja e produtos parceiros com "DNA carioca", entre eles, o *Biscoito Globo*, o cachorro-quente Geneal e as sandálias Havaianas.

Dessa forma, é assim que inúmeros visitantes internacionais, como Nigela Lawson, Ronda Rousey e Lady Gaga aparecem na mídia, consumindo, valorizando e falando maravilhas desse produto de alma carioca. Bem, nem todos...

Capítulo 17

A polêmica criada pelo *New York Times*

Olimpíadas Rio 2016. Olhos e câmeras do mundo inteiro voltaram-se para a cidade do Rio de Janeiro, que sediou o evento esportivo mais importante, democrático e esperado de todo o planeta.

Embora as expectativas para os jogos olímpicos e paralímpicos em terra carioca variassem entre pessimistas e muito pessimistas, as mídias nacional e internacional não parassem de alardear falhas, atrasos, riscos de epidemias, de terrorismo, e alguns militantes políticos rechaçassem os jogos, aparentando desejar que tudo desse errado, o resultado foi outro e, logo na festa da abertura, não só os cariocas como todos os brasileiros se orgulharam do que viram quando, em seu belo Maracanã, finalmente fez-se a luz. E daí em diante a festa não parou mais.

A onda de felicidade que se espalhou pela cidade foi tanta que, por praticamente 20 dias, o Rio de Janeiro viveu menos os seus problemas e mais o que tinha de bom: a hospitalidade do povo, a exuberância da natureza, a alegria de sua música, as delícias de sua mesa.

Foi quando então, no dia 13 de agosto, começaram a pipocar nas redes sociais críticas à matéria "Rio's Carnival for the Senses ends at the food line", publicada no *New York Times* por um enviado do jornal para a cobertura dos jogos.

Nela, o jornalista transcreveu de forma um tanto irônica parte de uma entrevista que fez com Milton Ponce, na sede da Mandarino, não só insistindo de forma tendenciosa que ele definisse o sabor do biscoito que produz, como dando a entender que nem o próprio Milton sabia o sabor que ele tem. E por uma razão muito simples, concluiu ele: assim como todo o resto da culinária carioca, o *Biscoito Globo* é um alimento sem gosto, "símbolo perfeito do Rio, uma cidade em que os restaurantes são 'meh'", ou, em tradução curta e grossa: cidade em que os restaurantes servem comida insossa, *que não fede nem cheira*.

A entrevista, ao contrário do que alguns podem ter pensado, não foi algo de momento, mas uma matéria planejada. Aconteceu alguns meses antes, quando a empresa foi procurada pelo jornal, que logo agendou a visita do jornalista e uma intérprete. As perguntas girariam em torno do *modus operandi* da Panificação Mandarino durante a Olimpíada: aumentariam a produção, o número de ambulantes? Teriam algum esquema especial de venda?

Apesar de reservado e cauteloso para falar de si e da empresa, ainda mais para abrir as portas da produção a jornalistas, Milton Ponce e equipe receberam educadamente os visitantes e responderam a suas perguntas, mesmo percebendo que algumas informações poderiam acabar saindo erradas por causa da falta de domínio do português da intérprete. Em sequência, receberam ainda a visita de um fotógrafo contratado pelo jornal para clicar fotos ilustrativas. E aguardou-se a reportagem.

A surpresa veio foi com o conteúdo da matéria, bem diferente do esperado. O jornalista gostar ou não dos biscoitos que a empresa produz, isso foi o de menos, ou "é uma questão de gosto", como comentaram os proprietários. O que os surpreendeu – e surpreenderia qualquer anfitrião –, foi receber uma visita com um propósito simpático e depois ver esse propósito transformado em críticas negativas aos donos da casa. E por casa entenda-se toda a cidade do Rio de Janeiro, e não apenas a fábrica. "Falar mal da comida de uma cidade, da culinária de um povo, é desconhecer e desrespeitar sua cultura", comentou Milton com o filho, aborrecido e sem interesse em falar à imprensa.

Se Milton e seus sócios, na pior das hipóteses, ficaram aborrecidos, o povo carioca, por sua vez, ficou irado. E muito mais pela crítica específica ao seu querido biscoito, do que pela crítica generalizada à culinária de sua cidade.

Segundo Marcelo Ponce, nos dias seguintes à reportagem, o telefone da empresa não parou de tocar. Entre inúmeros clientes expressando tanto apoio quanto indignação, vários jornalistas de diferentes mídias telefonaram querendo filmar a fábrica, fazer entrevistas e escrever matérias com um teor de resposta. Tão séria foi a repercussão, que até um advogado ofereceu seu serviços à empresa, alegando a legitimidade de um processo contra o jornal americano, e quatro dos maiores jornais da cidade publicaram editoriais de meia página comentando o ocorrido e devolvendo a crítica com outras bem veementes. Isso, sem falar dos e-mails enfurecidos que o jornalista do *NYT* disse ter recebido, além de ter sido comparado a uma parte do corpo humano que, segundo comentou em tevê brasileira, ele não ousaria mencionar diante das câmeras.

Quanto aos fãs internautas, os desabafos surgiram com indignação e humor, criando uma corrente pró-biscoito e uma hashtag nas redes sociais: #somostodosbiscoitoglobo. Entre os comentários:

"Estrangeiro falando mal de biscoito globo é tipo a visita reclamar do bolo da sua avó."

"Cê limpa a casa, esconde a bagunça nos armários, joga a sujeira pra baixo do tapete pra gringo vir aqui falar mal do BISCOITO GLOBO? MIGO!!!"

"Gringo falando mal do biscoito globo e eu fico tipo: 'mores, vcs n têm paladar para tal fenômeno da gastronomia.'"

"Dead."

"Quem liga para o *New York Times*? Se fosse o *Meia Hora* eu me importava."

"Sem paladar é vcs, q num têm capacidade pra sentir o sabor bem suavinho do biscoito."

"'Ah, biscoito globo não tem gosto!' É, talvez a gente devesse jogar um extra-chedar-cheese com muito bacon frito em cima, né?"

"Não entendo como uma nação que acha graça em manteiga de amendoim possa ousar falar mal do Biscoito Globo."

"Falar mal de mim eu até entendo, mas do biscoito globo é inaceitável."

"Biscoito Globo não é para qualquer um. É patrimônio nosso."

"Biscoito Globo: ame ou guarde sua opinião! Ou beba 1 chá mate gelado c/limão pra descer melhor... a opinião."

"Biscoito Globo não é comida, é um conceito."

"Biscoito Globo é para ser comido na beira da praia e acompanhado de mate de galão com água de torneira, ou não tem graça mesmo."

"'Jornal de NY critica biscoito carioca' Vocês tão dando muita trela pra oq uns auxiliar de escritório gringo acha do nosso país."

"Os cara bebem aquela coca-cola horrível e vem falar do nosso biscoito."

"Reclamam: do cafezinho, do kibe, das capivaras, do biscoito globo. Dica: RALA, SUA MANDADA."

"Sobre a crítica do NY Times ao Biscoito Globo: não gosta, não come. PRÓXIMO!"

"Falar mal de biscoito Globo é como dizer que Gisele Bünchen é baranga. Ofendeu uma instituição nacional."

"Último dia das olimpíadas vai ter festa na minha casa: LINE UP: Anitta. COMIDA: cafezinho e biscoito globo, DECORAÇÃO: aviãozinho 14 bis."

No balanço de perdas e danos e após tanto clamor, a empresa, que se manteve discreta e inabalável, mais saiu lucrando do que o contrário. Parceiros recentes da fábrica, Eduardo e Raphael, que desde julho de 2016 têm distribuído o biscoito pelo Brasil e movimentado um pouco a marca nas redes sociais, comentaram que, de 200 curtidas antes da notícia, a página que abriram no FB saltou para 12.000 curtidas nos dias que se seguiram à polêmica, fazendo-os ter a ideia de postar um agradecimento ao jornal, tanto no Facebook quanto no Instagram:

> "Obrigada, *New York Times*! Uma crítica negativa nunca repercutiu tão positivamente para uma marca!"

No que diz respeito à culinária carioca, o assunto ainda rendeu mais alguns desafetos quando, após se desculpar pela gafe de ter criticado o biscoito, o jornalista encerrou sua entrevista ainda afirmando que no Rio de Janeiro "não se dá muita ênfase aos ingredientes frescos", e que essa cultura de valorização de ingredientes frescos e naturais, que tomou conta de muitas cidades mundo afora, ainda não havia chegado aqui.

"Pelas barbas de Posêidon!", devem ter pensado os donos de restaurante, principalmente os especializados em frutos do mar. Com 72,3km de praia, e capital do estado que ocupa a terceira posição no ranking nacional em atividade pesqueira, o que não falta na cidade do Rio é peixe fresco para abastecer o mercado. O mesmo se pode dizer de frutas e legumes, tão abundantes em quantidade e variedade, e tão divulgados nas lanchonetes que oferecem sucos naturais e vitaminas em quase todas as esquinas.

Krisna Rizzo, nutricionista carioca, num bate-papo sobre os hábitos culinários de seus conterrâneos, chama atenção ainda para o uso de temperos *in natura* como o alho, a cebola, a salsa e a cebolinha, em detrimento dos processados (e salgados) temperos prontos, privilegiados em terra norte-americana. "Nossos temperos, além de saudáveis, têm a vantagem de não mascarar o sabor real da nossa comida, e sim realçá-lo."

Em relação ao *Biscoito Globo*, Krisna nos dá também uma boa notícia, ao afirmar que, embora bem simples, a composição nutricional do biscoito é muito saudável:

"A gordura de coco é o grande astro. Ela é formada por triglicerídeos da cadeia média (TCM), uma gordura mais bem absorvida pelo organismo, sendo logo convertida em energia e dificultando a formação dos terríveis pneuzinhos. Além disso, a gordura de coco ajuda a acelerar o metabolismo do organismo e a modular o sistema imunológico."

Após tanta comoção pública, a mídia brasileira finalmente resolveu parar de entrevistar o jornalista e de ficar lhe dando cliques, chegando à conclusão de que um gringo especializado em economia e cobrindo um evento esportivo não deve conhecer nada de culinária mesmo.

Curiosidades

Após a matéria publicada no *New York Times*, a venda de *Biscoito Globo* para outros estados do Brasil disparou. Antes restrito ao estado do Rio de Janeiro e há pouco mais de um ano conquistando fãs em São Paulo, a iguaria carioca logo começou a ser encomendada por lojistas do Distrito Federal, de Minas Gerais, do Paraná e do Rio Grande do Sul.

Também em sequência ao bafafá gerado pelas críticas recebidas pelo jornal americano, a Panificação Mandarino recebeu proposta para exportar para os EUA, de olho nas praias de Miami. A empresa não aceitou.

Capítulo 18

Paz & amor

Tema de inúmeros artigos acadêmicos, reportagens e seminários, a relação trabalho e família parece ser um assunto que jamais se esgotará tamanha a sua ocorrência. Dados de órgãos competentes, como IBGE e Sebrae, por exemplo, publicados a rodo em sites empresariais, nos mostram por quê.

Segundo eles, a porcentagem de empresas compostas por membros de uma mesma família alcança a marca de 85% em todo o planeta, sendo que, no Brasil, esse número sobe ainda mais, chegando a 90%. Desses 90% de brasileiros, continuam os especialistas, apenas 30% chegam à segunda geração e 15% à terceira, mostrando que a passagem do comando das empresas dos fundadores aos herdeiros não é das coisas mais simples.

Entre os pontos fortes de se trabalhar em família, temos, disputando o primeiro lugar, a lealdade, o interesse comum, a compreensão, ou seja, pelo bem familiar, todos remariam na mesma direção para o negócio progredir e o barco não afundar. Em sequência, entre outros pontos positivos, viriam também a possibilidade de uma estrutura mais enxuta e de tomada de decisões mais rápidas por conta da centralização do poder.

Por outro lado, entre os pontos negativos, principalmente quando fundadores e futuros sucessores trabalham juntos, são muitos os problemas que podem surgir. Os mais comuns: uma certa dose de autoritarismo por parte da primeira geração (que de fato criou o negócio), que tende a considerar seu conhecimento baseado na experiência e na intuição superior ou mais eficaz do que posturas, teorias e ideias mais modernas, normalmente trazidas pela segunda geração. A isso podem se somar ainda expectativas de que o sucessor seja um exemplo de conduta à imagem e semelhança de seus antecessores – pais, avós, tios – fazendo surgir daí conflitos homéricos em relação a horário, desempenho, comportamento, autoridade.

Não só sociedades em família apresentam benesses e dificuldades. A associação a alguém com quem não se tem nenhum laço de parentesco também é tema de outros tantos estudos e discussões, voltando-se sempre às perguntas: "Precisamos mesmo de um sócio?" ou "Quando vale a pena ter um sócio?".

A resposta é simples: na maioria das vezes, procuramos um sócio quando precisamos de recursos financeiros, técnicos ou mercadológicos de que não dispomos, seja para abrir um negócio ou expandi-lo. Como ponto positivo de uma sociedade, além da captação dos recursos, poderíamos incluir também uma certa dose de segurança de se ter alguém pensando junto, comemorando junto ou, quando for o caso, lamentando junto. Do ponto de vista negativo, opiniões, posturas e necessidades adversas, assim como falta de confiança, podem levar uma sociedade ao fim.

Quanto à forma como os sócios Ponce e Torrão – Milton e Francisco, sem qualquer laço sanguíneo – sempre lidaram ao longo da vida com os negócios que dividiram, por mais raro que seja, nenhuma das partes lembrou-se de qualquer conflito mais sério que pudesse ser narrado. Sócios há mais de 50 anos, quando indagados sobre tensões/atritos durante a convivência empresarial, a resposta de ambos constituiu-se num sorriso amistoso e numa negativa com a cabeça:

"Não. Tudo sempre na paz", afirmou Francisco, com seu sotaque português, desprezando a pergunta como se ela não tivesse muito cabimento.

"Francisco cuidava da parte de padaria, o negócio dele era fazer pão. Eu cuidava dos biscoitos, cada um tocava a sua parte", respondeu Milton com naturalidade, como se aí, na divisão das tarefas, residisse o grande segredo da sociedade longeva. Nas decisões conjuntas, mesmo quando as opiniões divergiam, a paz permanecia até que se chegasse ao consenso. Com dois sócios sérios e trabalhadores, com habilidades complementares, interesses semelhantes e paixão comum por um bom happy hour nos bares de Botafogo, laços e lucros se fortaleciam. Brigar pra quê?

Com a entrada dos irmãos Jaime e João na sociedade, cada um com seu temperamento e ritmo de trabalho diferentes, a atuação em ambientes separados – Jaime e João na Rua do Senado; Francisco e Milton na São Clemente – também facilitou o relacionamento.

"Os sócios são inseparáveis e sempre se deram muito bem. Só se separaram das esposas", brinca Milton.

Também a relação com os funcionários é saudável e duradoura, sendo comum encontrar na Mandarino gente com mais de 30 anos de casa.

"O Sr. Milton, para mim, foi mais do que um patrão. Alegre e amigo, é um irmão que esteve do meu lado sempre que precisei", conta Hildo Soares, aquele mesmo que entrou em 1958 e, após 44 anos na empresa, se aposentou em 2002. Hoje é seu filho, Marcelo também, que trabalha na empresa.

Foi na entrada da segunda geração Ponce & Torrão, já com a fábrica unificada no Centro da cidade, que as diferenças ameaçaram causar algum estresse à pacífica Mandarino. E pelo mais clássico dos motivos: a expectativa de que os filhos agissem à imagem e semelhança dos pais.

Não foram fáceis para Marcelo os seus primeiros anos de trabalho com o pai. Ingressando na fábrica aos 17 anos, assim que concluíra o Ensino Médio, o horário de início do expediente, por si só, já bastaria para colocar qualquer adolescente para correr: "4h15 da matina. Chova ou faça sol."

Chegando diariamente à empresa após apostar corrida com o amanhecer, qualquer expectativa que ainda pudesse ter de regalias por ser filho do dono logo se mostrou fantasiosa: vestindo uniforme igual ao dos demais funcionários, ficou estabelecido que, antes de assumir uma função administrativa, da mais simples à mais complexa, Marcelo deveria conhecer e dominar todas as etapas da produção. Para isso, fazia parte do plano uma estada média de seis meses em cada função, fosse ela o preparo da massa, a operação dos fornos, das pingadeiras, o empacotamento dos biscoitos.

Além dessas tarefas, todas elas bastante cansativas, muitas vezes ficavam a seu cargo também funções de manutenção e limpeza, que incluíam longas esfregadas de chão.

"Eu tinha que ser o exemplo para tudo, tinha que saber de tudo. Não podia faltar, não podia chegar atrasado. O meu uniforme e o meu trabalho tinham que ser os mais limpos; a minha produção, a mais bonita. Não bastava eu ser bom, eu tinha que ser o melhor", lembra Marcelo, que, um dia, após embalar 2.500 sacos de biscoito, chegou em casa com tanta câimbra no braço que desmoronou no sofá. "De tão cansado, eu não conseguia levantar." A mãe, preocupada, reclamou com o marido: "Milton, você ainda vai matar esse menino!"

Mas não matou. Foram mais ou menos uns cinco anos de dureza e quase morte até o dia em que Marcelo, desanimado com as broncas e exigências paternas, pensou em abandonar a empresa. Cursaria uma faculdade, faria outra coisa da vida. Apesar de muito afetuoso como pai, Milton era extremamente rígido no trabalho, e isso estava começando a interferir na relação familiar. À ideia de sair seguiu-se o diálogo e, com o diálogo, o entendimento.

"Pedi ao meu pai para confiar mais em mim, não me chamar a atenção do jeito que chamava, na frente dos outros. Eu não era mais um garoto, já estava na empresa havia anos, tinha acabado de me casar. E tudo fluiu muito melhor a partir daí."

Anos depois, essas lembranças contadas em meio a sorrisos e saudosismos fazem parte tanto da história da empresa quanto da confiança e cumplicidade que se fortaleceram entre pai e filho.

Até hoje não há moleza alguma para nenhum dos sócios da segunda geração, que trabalham freneticamente da forma como aprenderam com os pais. São os sócios originais, os pais durões de ontem, que agora, finalmente, se permitem um horário um pouco mais flexível, embora se mantenham ainda presentes e atuantes.

E são nos raros momentos de descanso, em que todos fazem uma pausa juntos na recepção – eu tive o prazer de ser testemunha de um desses momentos mágicos –, que as conversas, as risadas e as lembranças que surgem entre todos são uma evidência de que a mesma medida que o biscoito leva de polvilho em sua receita leva também de paz, amor e união.

#somostodosbiscoitoglobo

Curiosidades

De volta para casa: nascido em São Paulo e adotado no Rio, o *Biscoito Globo*, prestes a entrar na terceira idade, volta para a capital paulista pela venda de aproximadamente oito mil saquinhos por semana para as 18 lojas da rede de supermercados St Marche. São chamados por lá de "biscoito da praia" e, como noticiam as mídias cariocas, "Oxalá não seja chamado de bolacha".

Epílogo

– APARECIDA: assim que foi buscada por Encarnação, Aparecida praticamente levou uma vida de cigana com a mãe e o padrasto. Ao sair de Franca, os três moraram juntos em pelo menos oito endereços diferentes: Araraquara, Bauru, Lins, Sorocaba, Limeira, Guarulhos, Ipiranga e Parque Novo Mundo. Aos 17 anos, Cida casou-se e teve um filho, Ricardo. Anos depois, separou-se e veio morar no Rio de Janeiro, a pedido do irmão Milton. No Rio, conheceu e casou-se com José Carlos, com quem teve outro menino, João Luiz, e com quem mora até hoje no distrito de Mauá, no município de Magé, à beira da Baía de Guanabara.

– ENCARNAÇÃO E ANDRÉ GALHARDO: por insistência de Milton, anos depois, Encarnação e André mudaram-se para a cidade do Rio de Janeiro, onde tiveram boa convivência com filhos e netos. Em sequência, mudaram-se para Nova Friburgo, onde viveram juntos até André falecer. Amaram-se até o fim. Viúva, Encarnação viveu posteriormente com um filho e outro, até se estabelecer na casa de João. Faleceu em 2004.

– ANDRÉ GALHARDO: André foi para Aparecida um excelente pai, por quem ela tem afeto e de quem guarda boas lembranças. Carinhoso e com o intuito de protegê-la, nunca deixou que pensassem que não era filha dele. Da mesma forma, foi afetuoso com os netos de Encarnação, como se fossem netos seus também.

– Antonio: Antonio nunca tornou a se casar. Após a saída dos filhos de São Paulo, viveu da profissão de sapateiro e do aluguel de alguns imóveis. Em 1985, mudou-se para o Rio e trabalhou um bom tempo com Milton, auxiliando na produção dos biscoitos. Após Encarnação ter ficado viúva, aproximou-se dela com intenção de reatar o casamento, porém, mais uma vez, não deu certo. Foram amigos. Ele faleceu em 1992, de infarto, enquanto descansava dentro da Mandarino.

– Germano Felippe: considerado por Milton pai e mentor, trabalhou na fábrica em Santo Amaro até falecer, em 1994. A relação dos dois, de grande afeição e respeito, perdurou até o fim.

– João Ponce: João faleceu em 2015, durante a pesquisa para a escrita deste livro. Deixou a esposa Roberta, a filha Gleyce e mais três filhas do primeiro casamento com Omara: Adriane, Alessandra e Andreia.

Agradecimentos

Um livro relativamente pequeno em número de páginas, mas muito grande em número de colaboradores, sem os quais não teria sido possível nem sequer começar a escrevê-lo. Tentando seguir uma ordem cronológica desde o momento em que o concebi em minha mente até sua publicação, são muitas as pessoas a quem expresso gratidão.

A primeira delas é o escritor e jornalista Ruy Castro, de quem ouvi as primeiras palavras de incentivo, quando lhe fiz a fatídica pergunta: "O que acha de eu escrever a história do *Biscoito Globo*?". Em sequência, e não poderia ser diferente, meu mais profundo agradecimento ao Sr. Milton Ponce, a verdadeira alma do *Biscoito Globo*, que, mesmo com a saúde debilitada, aceitou me receber inúmeras vezes e responder todas as minhas perguntas, independentemente de se repetirem e exagerarem em detalhes.

Agradeço também a Célia e Paloma Ponce, respectivamente esposa e filha de Milton, por terem se colocado à disposição para me ajudar na coleta de fotografias e de acontecimentos paralelos à história das padarias, e também por terem me colocado em contato com Aparecida Bezerra, irmã de Milton, que tirou o que ainda restava de dúvidas sobre a retrospectiva da família desde a vinda da Espanha. Obrigada a você também, Cida, e desculpe tê-la feito se emocionar. A Marcelo Ponce, agradeço as horas de entrevista no café em Botafogo e as inúmeras respostas por Whatsapp às dúvidas que surgiam enquanto eu escrevia. A Samantha Ponce, agradeço o olhar sensível e os cliques que resultaram em belas fotos da fábrica e de sua produção. A Adriane Ponce, agradeço pela conversa sobre João.

Ao Sr. Francisco Torrão, agradeço o agradável bate-papo e almoço no famoso Galeto 183, assim como agradeço a Francisco Filho e a Renato Ponce pela conversa rápida porém crucial, em minha última visita à empresa. A Jaime, apesar da falta de oportunidade de conversarmos, agradeço o sorriso e a foto, da mesma forma que agradeço a Hildo Gonçalves a entrevista-relâmpago e providencial de última hora. A João, mesmo não o tendo conhecido, registro meu respeito e admiração.

Ao Sr. João Bosco, do Polvilho Orivaldo, muito obrigada pelas fotos e explicações sobre o processo de produção da principal matéria-prima dos biscoitos.

Presentes durante boa parte da escrita, ora contando *causos* de praia, ora particularidades da profissão, e sempre prestativos com fotos e depoimentos, um agradecimento especial a Denilson Guedes (Bandeirinha) e a Luis Soares da Silva (Ligeirinho), que considero exemplos de vendedores itinerantes. Da mesma forma, obrigada ao Sr. Almerindo de Assis, de quem, infelizmente, o trânsito na Linha Vermelha me impediu de tirar fotos, e a Marcelo, o Marcelo do Mate, pela entrevista e pelas imagens, assim como pelas belas histórias que me contou.

Obrigada também a Ricardo Leite, da agência Crama, pela aula sobre marcas que me concedeu em sua empresa; aos designers Philippe Siqueira, Denis Poggian, Philipe Brum, Karina Infante e Paloma Lima por terem me permitido o uso de imagem de seus projetos de redesign do *Biscoito Globo*, e a Eduardo Dencker e Raphael Quatrocci, do site Desencannes, pela permissão de uso da imagem do concurso que promoveram.

Aos amigos, um abraço afetuoso ao escritor e professor de história, Marcelo J.R. Vieira pelos inúmeros contatos que me cedeu, pela revisão dos breves aspectos históricos do livro e pelo depoimento nostálgico sobre os biscoitos. A Angela Pedretti e Priscilla Franco, respectivamente, pela entrevista e pela deliciosa história de praia. Às amigas de longa data, Suzane Ludwig e Glenda Ritterling, por estarem sempre antenadas com o que ou quem seria interessante ter no livro.

Meu agradecimento também aos inúmeros fãs do *Biscoito Globo*, que, muitos sem me conhecer, aceitaram participar com depoimentos carinhosos e nostálgicos que só enriqueceram este projeto.

Me aproximando do final, obrigada a Rafael Goldkorn, editor – para quem traduzi meu primeiro livro em 2003 –, pela empolgação em relação à escrita da história dos biscoitos e por me fazer passar meses sonhando com o projeto gráfico que tinha em mente.

Por fim, obrigada à minha família, tios e primos, pela alegria com que me rodeiam, e ao meu marido e filha, Isaias e Eugênia. A ele, agradeço pelas leituras críticas e apoio irrestrito; a ela, por não ter comido todos os biscoitos que recebi da empresa, sempre deixando dois ou três pacotinhos para mim.

Este livro foi composto nas fontes SunSerif
e Helvetica. O papel é o Pólen soft 70g e o
Couché matte 150g para o caderno de fotos.
www.editoravalentina.com.br